Strickfilzen leicht gemacht

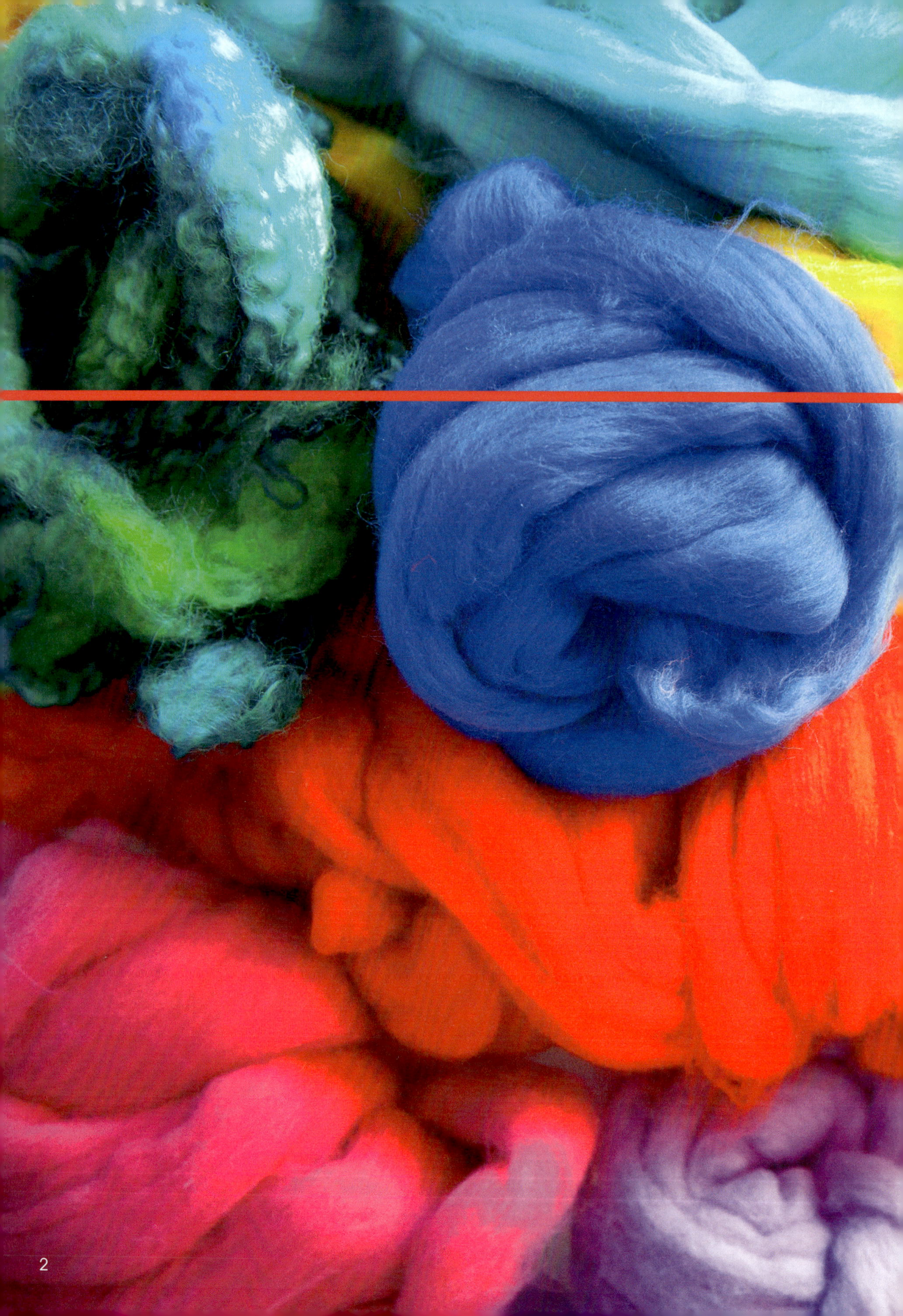

Strickfilzen leicht gemacht

Trendy Strickfilz

Was empfinden Sie, wenn Sie an Filz denken? Macht sich da in Ihnen auch so ein wohliges Gefühl, eine gewisse Geborgenheit breit? Dieses warme, feste Material sieht schön aus, ist robust, leicht zu reinigen und, nicht zu vergessen, nachhaltig – und so ist es nun wieder total angesagt und weckt Begehrlichkeiten.
Daher finden Sie in diesem Buch viele Anleitungen zu wunderschönen Projekten, die Sie mit der Strickfilztechnik leicht selbst umsetzen können.
Praktische Taschen in ganz unterschiedlichen Ausführungen können zu Ihren treuen Begleitern beim alltäglichen Einkauf oder beim Shoppingtrip werden. Falls Sie oft kalte Füße haben, sind unsere Hausschuhanleitungen für Sie das Richtige.
Zum Kuscheln oder Spielen für die Kleinen bieten wir Ihnen Anregungen für hochwertige Spielsachen, die Kinderaugen zum Leuchten bringen.
Unsere Brotkörbe, Poufs oder sogar Teppiche machen es zu Hause gemütlich, aber dennoch modern.
So oder so, lassen Sie sich inspirieren und von unserer Begeisterung anstecken! Die Projekte sind einfach umzusetzen und Sie sowie Ihre Liebsten werden lange Freude daran haben.

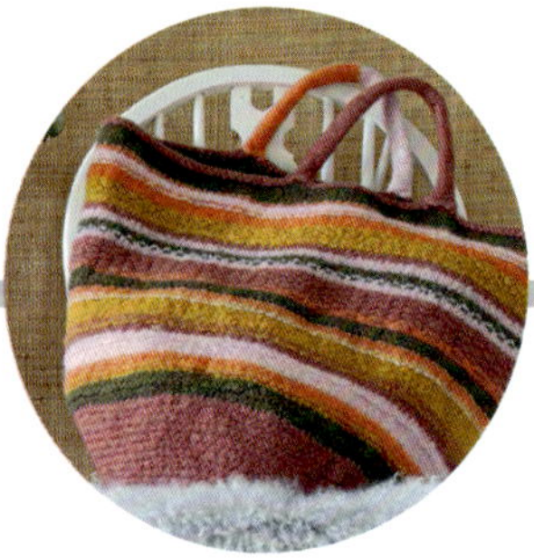

TASCHEN

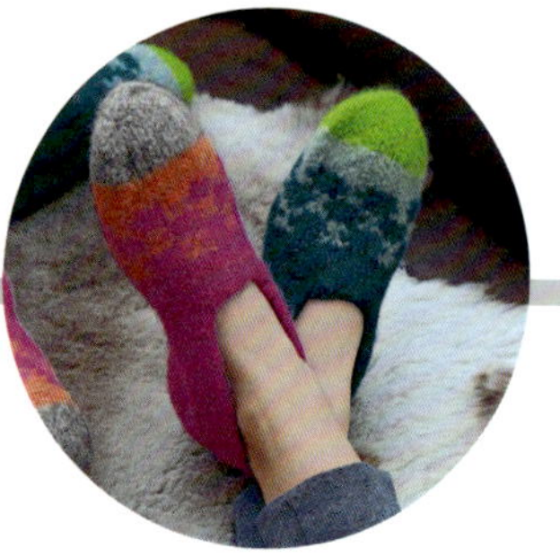

SCHUHE

Inhalt

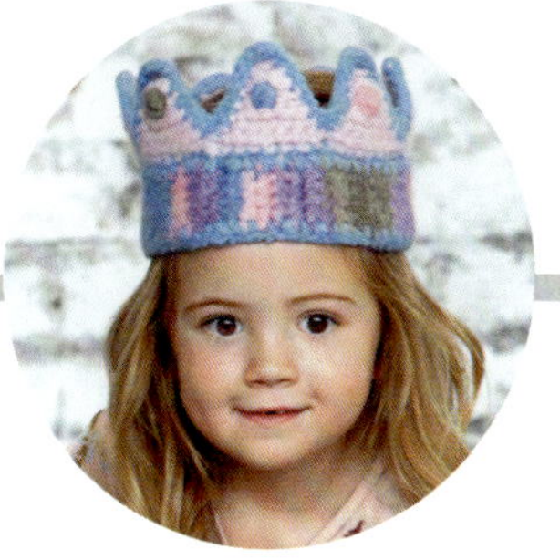

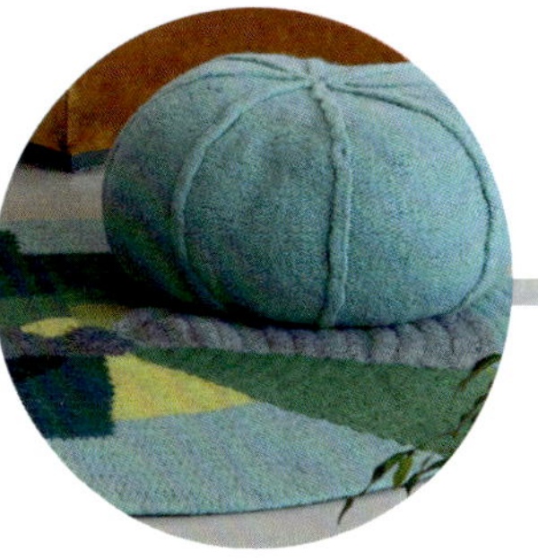

KINDER

DEKO

Abkürzungen

M = Masche; **R** = Reihe; **Rd** = Runde

Filzen in der Waschmaschine

So wird´s gemacht:
Machen Sie zuerst eine Maschen- und Filzprobe, und zwar mit der angegebenen Waschtemperatur des Modells.

Die Maschenprobe: Schlagen Sie dafür mindestens 4, besser noch 6 M mehr an, als für 10 cm **nach dem Waschen** beim jeweiligen Objekt angegeben sind. Auch in der Höhe sollten Sie ca. 6–8 R mehr stricken, als für die Maschenprobe angegeben sind. Legen Sie das Maßband oder einen Maschenzähler zuerst **vor dem Waschen** unter den Maschen an und zählen Sie die Maschen im Bereich von 10 cm, außerdem neben den Maschen, um die Reihen auf 10 cm zu zählen. Wichtig dabei ist, das Maßband nicht am Rand, sondern in der Mitte des Gestricks anzulegen, die Randmaschen verfälschen das Ergebnis.

Da Sie nach dem Filzen keine Maschen mehr zählen können, messen Sie nun auch noch die Außenkanten des Gestricks in Höhe und Breite und notieren dazu die gesamte Maschen- und Reihenzahl.

Nach dem Filzen ziehen Sie das Probeläppchen in Form und messen die Länge und Breite. Nun können Sie die Anzahl der Maschen auf 10 cm berechnen: Sie teilen die Gesamtanzahl der (gestrickten) M durch die Breite des Filzläppchens, z. B. Sie haben 37 M gestr, das Läppchen ist gefilzt 22 cm breit = 37 : 22 = 1,68 = gerundet 1,7 M pro Zentimeter = 17 M auf 10 cm in der Breite. In der Höhe rechnen Sie genauso, z. B. hatten Sie 46 R notiert, das Läppchen ist 20 cm hoch: 46 : 20 = 2,3 R pro Zentimeter = 23 R auf 10 cm in der Höhe.

Filzen in der Maschine: Als Temperatur wird in der Regel 40 Grad eingestellt, bei Teilen, die bei 60 Grad gewaschen werden, wird explizit darauf hingewiesen (dabei wird der Filz dichter und fester). Legen Sie ein altes Handtuch und einige Tennisbälle zum Gestrick in die Waschmaschine und wählen Sie einen normalen Waschgang (z. B. für Hemden) mit Schleudergang und ein einfaches Vollwaschmittel. Die Waschmaschine sollte maximal zu 2/3 gefüllt sein.

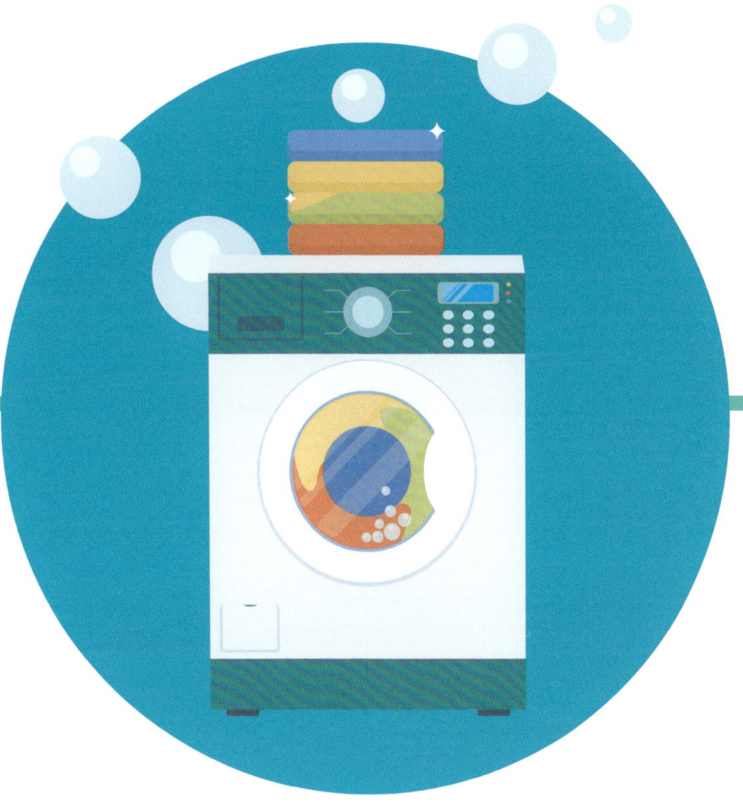

Anzahl der Waschvorgänge

Manche Modelle werden statt einmal sogar zweimal hintereinander gewaschen. Den Hinweis finden sie immer in der Zeile »Nach dem Waschen (2x)« in der Klammer. 2x bedeutet entsprechend 2x waschen, steht ein 1x in der Klammer, wird das Modell nur 1x gewaschen.

Faktoren, die das Filzen beeinflussen

Nun können Sie sowohl die Maschenprobe vor und nach dem Waschen vergleichen. Grundsätzlich kann man sagen, stimmt die Probe vor dem Waschen überein, dann ist sie auch nach dem Waschen gleich. Vorausgesetzt, Sie verwenden das gleiche Garn und die gleiche Farbe, denn das sind Faktoren, die das Ergebnis erheblich beeinflussen.

Der Grad der Verfilzung beträgt durchschnittlich 30–40 %, wird jedoch, da es sich bei der Wolle um ein Naturprodukt handelt, von folgenden Punkten maßgeblich beeinflusst:

1. Das Ausgangsmaterial der Rohwolle ist verschieden.

2. Die Färbung der Wolle bewirkt einen unterschiedlichen Einsprung = Schrumpfung beim Filzen.

3. Waschvorgänge laufen in den verschiedenen Maschinen unterschiedlich ab, auch das Waschpulver ist ausschlaggebend.

4. Die individuelle Strickart beeinflusst das Ergebnis.

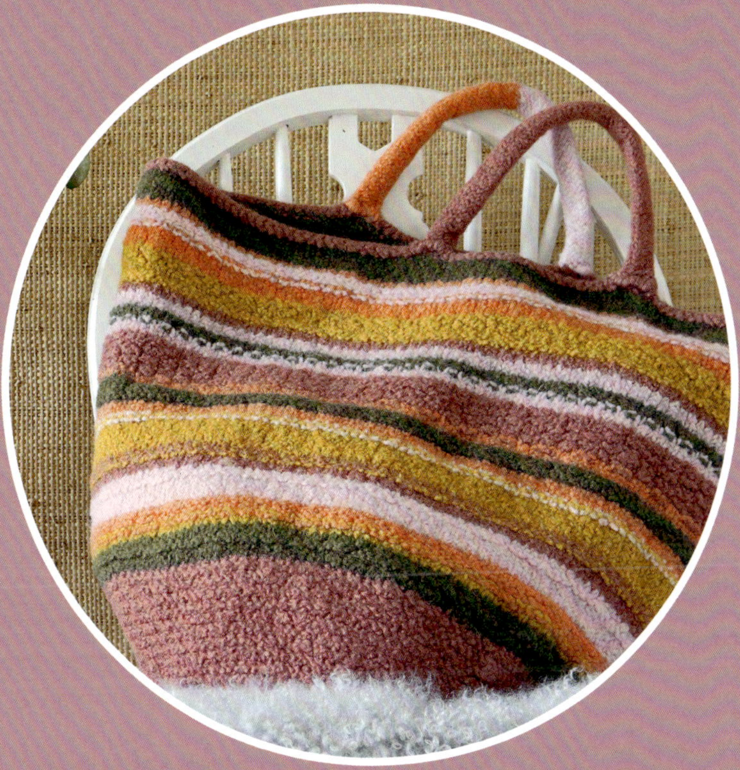

Taschen

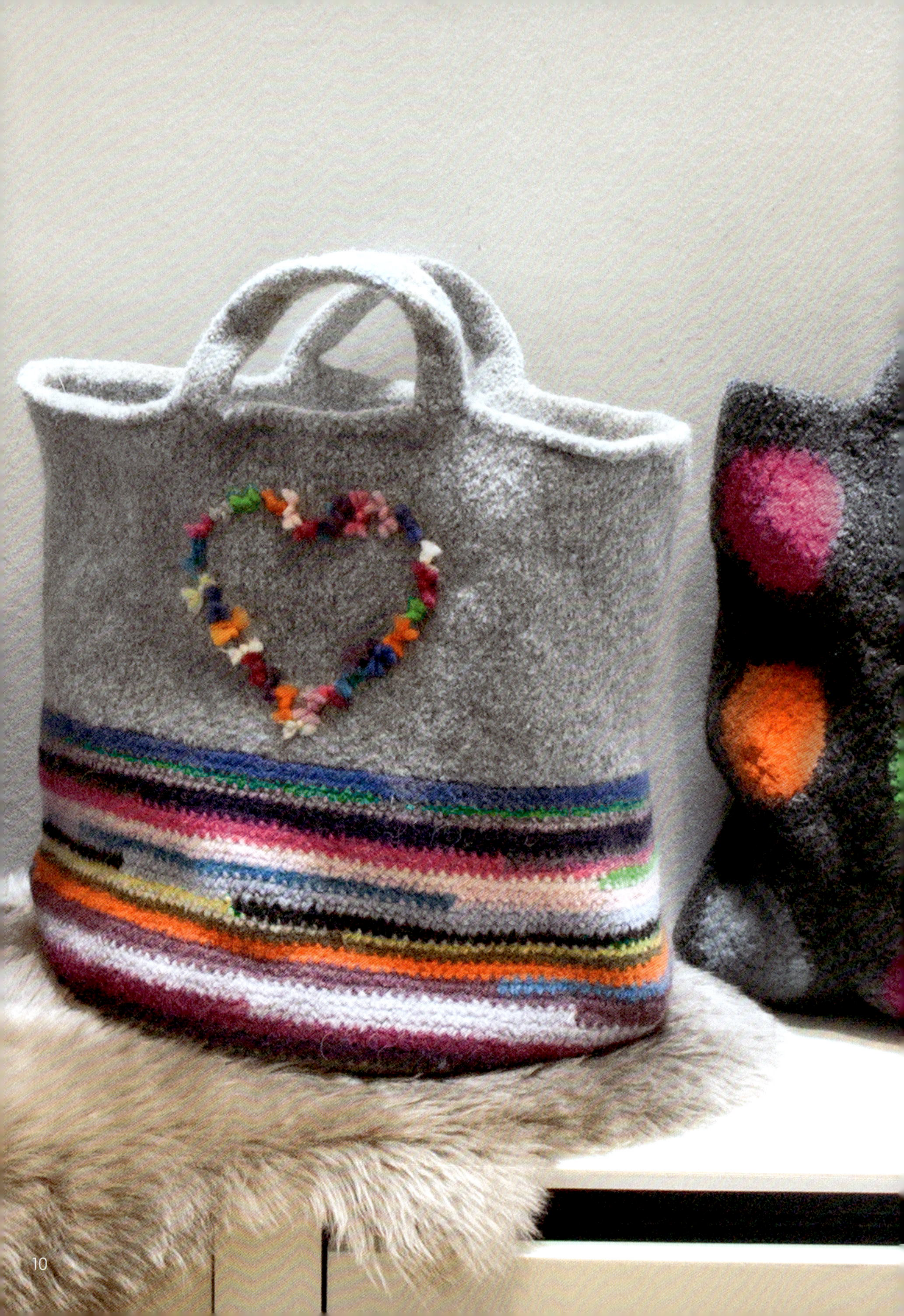

Einkaufs *helfer*

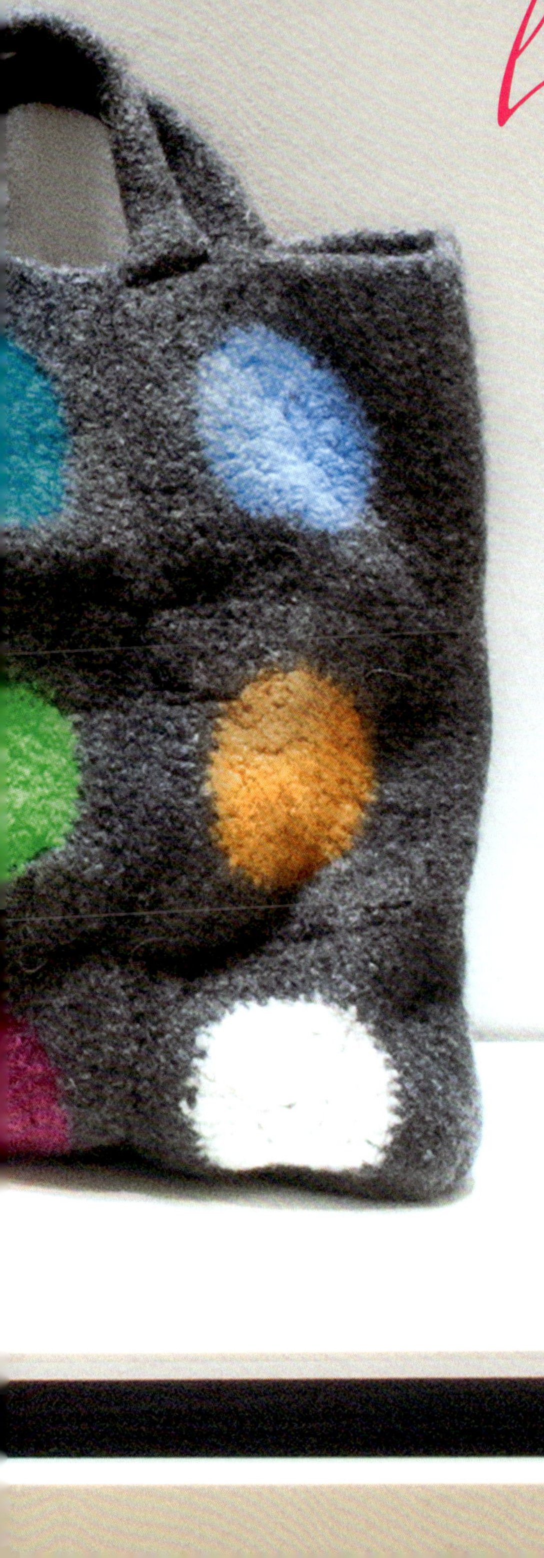

Bis zum letzten Fädchen ...
Eine perfekte Idee, um endlich mal die Restekiste aufzuräumen. Wenn's nicht für eine ganze Tasche reicht, wird einfach viel schlichtes Grau dazu kombiniert und schon entstehen daraus unschlagbar schöne Taschen, die uns gern in den nächsten Jahren beim Einkaufen begleiten.

Einkaufs*helfer*

Tragetasche mit aufgesticktem Herz

GRÖSSE

Vor dem Filzen: 54 x 140 cm (Höhe x Umfang). Nach dem Filzen: 45 x 105 cm (Höhe x Umfang).

MATERIAL

Lana Grossa **Feltro** (100 % Wolle; Lauflänge ca. 50 m/50 g) **500 g** in Grau meliert **(Fb 3)**, je **50 g** in Hellblau **(Fb 66)**, Türkis **(Fb 32),** Pink **(Fb 38)**, Royal **(Fb 26)**, Mandarin **(Fb 80)**, Dottergelb **(Fb 78)**, Oliv **(Fb 21)** und Rohweiß **(Fb 1)**; Häkelnadel Nr. 7; Rundstricknadel Nr. 9; Nadelspiel Nr. 8; Stopfnadel

MASCHENPROBE

Mit Nadel Nr. 9 glatt rechts gestrickt und vor dem Waschen gemessen, ergeben 9,5 M und 13,5 R = 10 x 10 cm.

MUSTER

Glatt rechts

In Rd nur rechte M stricken.

ANLEITUNG

Hinweis: Der Boden und der untere Teil des Taschenkörpers werden gehäkelt, der obere Teil wird gestrickt.

TASCHENBODEN & TASCHENKÖRPER UNTEN

In einen flexiblen Fadenring in Pink beginnend mit 2 Lm 11 fM häkeln und mit 1 Km zur Rd schließen. Ab der 1. Rd in Spiral-Rd häkeln und die Rd nicht schließen. Den Rd-Übergang mit einem Faden markieren. Zugenommen wird, indem in 1 M 2 M gehäkelt werden, die M also verdoppelt wird. Immer 2 Rd pro Farbe häkeln, dann die nächste Farbe beginnen. Es werden insgesamt 20 Rd für den Boden und weitere 32 Rd für den unteren Teil des Taschenkörpers gehäkelt. Zugenommen wird in den ungeraden Rd, die nachfolgende gerade Rd (2. Rd, 4.Rd, 6.Rd etc.) wird ohne Zunahme gehäkelt und ist ab der 6. Rd nicht mehr aufgeführt.

1. Rd: Jede M verdoppeln = 24 M.
2. Rd: 24 fM.
3. Rd: Jede 2. M verdoppeln = 36 fM.
4. Rd: 36 fM.
5. Rd: Jede 3. M verdoppeln = 48 fM.

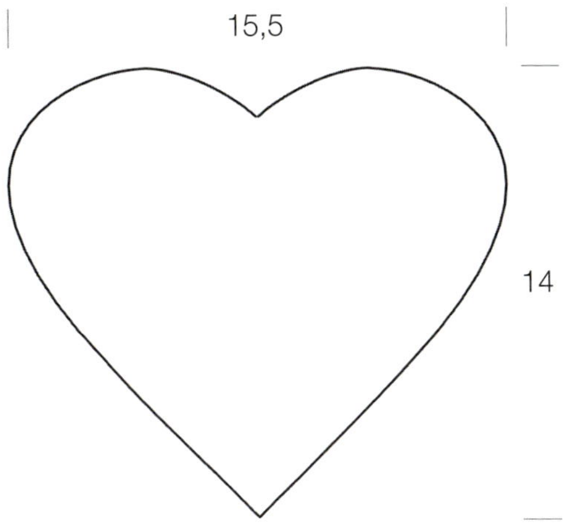

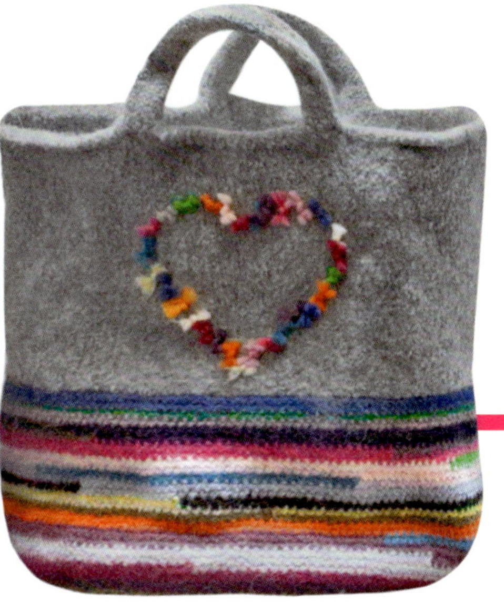

7. Rd: Jede 4. M verdoppeln = 60 fM.
9. Rd: Jede 5. M verdoppeln = 72 fM.
11. Rd: Jede 6. M verdoppeln = 84 fM.
13. Rd: Jede 7. M verdoppeln = 96 fM.
15. Rd: Jede 8. M verdoppeln = 108 fM.
17. Rd: Jede 9. M verdoppeln = 110 fM.
18. Rd: Jede 10. M verdoppeln = 122 fM.
19. Rd: Jede 11. M verdoppeln = 134 fM.
20.–48. Rd: 134 fM.
Danach die Häkelarbeit beenden.

TASCHENKÖRPER OBEN

Aus 134 fM mit Stricknadeln Nr. 9 und dem Faden in Grau meliert 134 M auffassen und zur Rd schließen.
38 cm glatt rechts stricken.
Dann alle M mit doppeltem Faden abketten.

HENKEL

Zwei identische Henkel stricken. Hierzu in Grau meliert 11 M anschlagen und auf 3 Nadeln eines Nadelspiels Nr. 8 verteilen (4/3/4 M). Die M zur Rd schließen und 37 cm glatt rechts stricken. Danach die M abketten.
Die Henkel mittig mit einem Abstand von ca. 20 cm an die Vorder- und Rückseite annähen. Dabei jeweils die Hälfte der Henkelenden an die Außenseite und die andere Hälfte an die Innenseite nähen, sodass die obere Kante der Tasche wie eine Spange umschlossen wird. Alle drei Lagen (Henkelvorderseite, Tasche, Henkelrückseite) noch 1 x durchnähen.

ZU GUTER LETZT

Alle Fäden vernähen. Die Tasche nach Anleitung verfilzen (siehe Seite 6–7).
Die Vorlage für das Herz auf Papier übertragen und dabei auf etwa 14 cm Höhe und 15,5 cm Breite vergrößern. Die Schablone ausschneiden, auf der Vorderseite der Tasche mittig auf den gestrickten Teil aufstecken und mit einem Textilmarker den Umriss aufzeichnen.
Entlang der Linie mit jeweils 1 cm Abstand einen Knoten wie folgt anbringen: Einen Faden von ca. 10 cm Länge abschneiden und in die Stopfnadel fädeln. Von rechts nach innen und wieder nach außen einen Stich arbeiten, dabei den Faden doppelt nehmen, sodass 2 Fäden hinein- und 2 Fäden wieder herausführen. Die Fadenenden dreifach verknoten, fest anziehen und ca. 1 cm oberhalb des Knotens die Fäden abschneiden. So stehen 4 Fadenenden über.

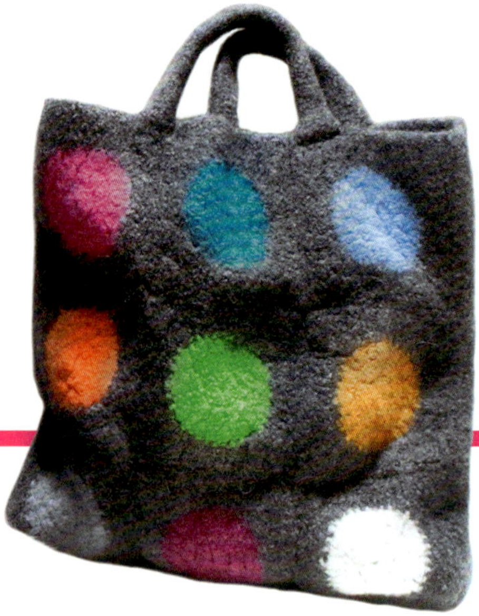

GRÖSSE

Vor dem Filzen: 63 x 66 cm (Breite x Höhe).
Nach dem Filzen: 45 x 47 cm (Breite x Höhe).

MATERIAL

Lana Grossa **Feltro** (100 % Wolle; Lauflänge 50 m/50 g) **600 g** in Dunkelgrau meliert **(Fb 4)**, je **50 g** in Hellblau **(Fb 66)**, Türkis **(Fb 32)**, Pink **(Fb 38)**, Cognac **(Fb 77)**, Giftgrün **(Fb 59)**, Kupfer **(Fb 76)**, Rohweiß **(Fb 1)**, Zyklam **(Fb 62)** und Pastellblau **(Fb 71)**; Häkelnadel Nr. 7

MASCHENPROBE

Mit Nadel Nr. 7 nach Häkelschrift gearbeitet, ergibt ein Quadrat vor dem Filzen 21 x 21 cm und nach dem Filzen 15 x 15 cm.

MUSTER

Granny »Ochsenauge«

Alle Rd mit einer Km schließen und mit Steige-Lm beginnen.

ANLEITUNG

Granny »Ochsenauge«

In einen flexiblen Fadenring beginnend mit 3 Lm 11 Stb häkeln. Die Rd mit 1 Km schließen = 12 M.

1. Rd: 3 Steige-Lm, in jede M 2 Stb, Km = 24 M.

2. Rd: 3 Steige-Lm, in jede 2. M 2 Stb, in allen anderen M 1 Stb, Km = 36 M. Danach den Kreis in 4 gleiche Viertel à 9 M einteilen und mit einem Maschenmarkierer kennzeichnen.

3. Rd: 1 Steige-Lm, dann folgende Sequenz 4 x häkeln: * 1 fM, 2 hStb, 1 Stb, in die folgende M (= Ecke) 2 Stb, 1 DStb, 2 Stb, dann weiter mit 1 Stb, 2 hStb, 1 fM *, Rd mit 1 Km schließen = 4 x 13 M = 42 M.

4. Rd: 3 Steige-Lm, dann in jede M 1 Stb häkeln und in das DStb an allen 4 Ecken jeweils 1 Stb, 1 DStb, 1 Stb arbeiten = 4 x 15 M = 60 M.

5. Rd: 1 Steige-Lm, dann in jede M 1 fM, und in die DStb der Ecken jeweils 3 fM = 4 x 18 M = 72 M.

6. Rd: 1 Steige-Lm, dann in jede M 1 fM, und in die mittlere fM der 3 Eck-Km jeweils 3 fM = 4 x 21 M = 84 M.

Abmaschen.

Einkaufs *helfer*

Lastenträger mit bunten Grannypunkten

TASCHENKÖRPER

Der Taschenkörper wird aus insgesamt 18 Grannies zusammengesetzt. Hierzu je Farbe 2 Grannies nach obiger Beschreibung häkeln, dabei mit der 1.–2. Rd in der jeweiligen Farbe beginnen, den Faden abschneiden und die 3.–6. Runde in Dunkelgrau meliert arbeiten. Alle Fäden vernähen.

Drei Reihen Grannies zu je 3 Stück anordnen und für Vorderseite und Rückseite je 9 Stück mit einem Faden Dunkelgrau meliert zusammennähen. Dafür im Überwendlichstich nähen und nur ein Maschenglied fassen, damit die Naht möglichst dünn wird und die Grannies nur aneinanderstoßen.

UMLAUFENDER STREIFEN

Für den umlaufenden Streifen 189 Lm plus 1 Wende-Lm anschl und 6 R fM = 4 cm häkeln. Abmaschen.

Streifen rund um die Seitenteile und den Boden des Vorderteils und Rückenteils im Überwendlichstich wie beim Zusammensetzen der Quadrate beschrieben annähen.

ZUSAMMENNÄHEN

Über die obere Kante der Tasche in Dunkelgrau meliert 3 Rd fM häkeln, dabei jede 6. M überspringen, damit die obere Kante etwas eingehalten wird.

Alle Fäden vernähen.

HENKEL

Zwei identische Henkel arbeiten. Hierzu in Dunkelgrau meliert 9 Lm anschl und mit 1 Km zur Rd schließen.

Weiter in Spiralrunden in fM häkeln. Nach 38 cm abmaschen.

Die Henkel mittig mit einem Abstand von ca. 21 cm an Vorder- und Rückseite annähen. Dabei jeweils die Hälfte der Henkelenden an die Außenseite und die andere Hälfte an die Innenseite nähen, sodass die obere Kante der Tasche wie eine Spange umschlossen wird. Alle drei Lagen (Henkelvorderseite, Tasche, Henkelrückseite) noch 1 x durchnähen.

ZU GUTER LETZT

Alle Fäden vernähen.

Tasche nach Anleitung verfilzen (siehe Seite 6–7), jedoch abweichend 60 Grad einstellen.

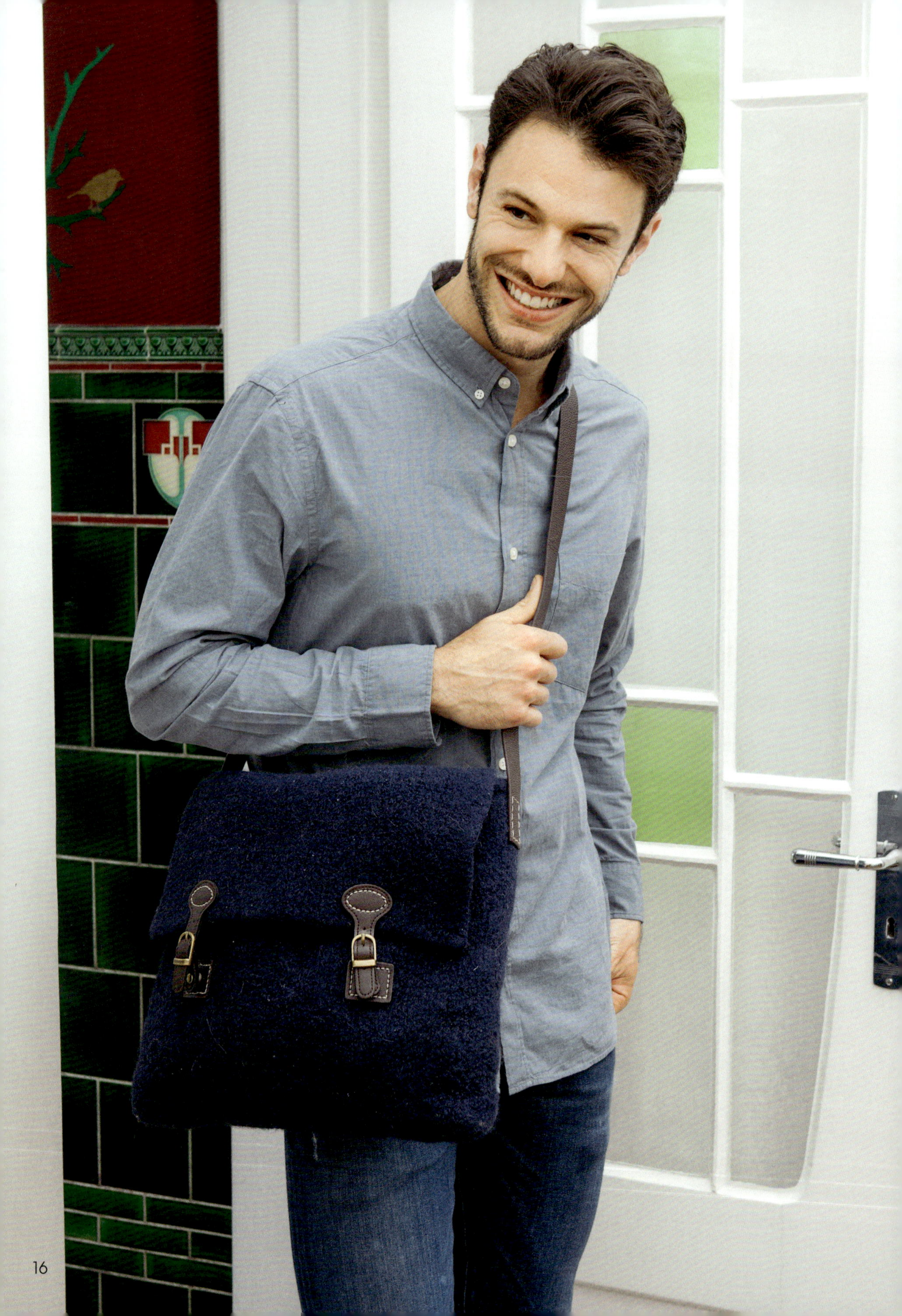

Business as *usual*

Klassischer Schnitt und unkonventionelles Material treffen aufeinander. So ist der Laptop sicher verpackt und richtig chic ist die Kuriertasche allemal.

Business as *usual*

Kuriertasche

GRÖSSE

Vor dem Filzen: 43 x 54 cm (Breite x Höhe).
Nach dem Filzen: 32 x 32 cm (Breite x Höhe).

MATERIAL

Lana Grossa **Feltro** (100 % Wolle; Lauflänge 50 m/50 g) **550 g** Nachtblau **(Fb 5)**; Stricknadeln Nr. 9; Häkelnadel Nr. 6; 1 Riemen »Lilly« in Darkbrown, Art. 615237 von Prym; 2 Taschenverschlüsse 45 x 115 mm, Art. 416485 von Prym

MASCHENPROBE

Mit Nadeln Nr. 9 glatt rechts gestrickt und vor dem Waschen gemessen, ergeben 9,5 M und 13,5 R = 10 x 10 cm.

MUSTER

Glatt rechts

In Hinr rechte M, in Rückr linke M stricken.

Glatter Rand

Die erste M jeder R abheben, die letzte M jeder R stricken.

ANLEITUNG

Hinweis: Die Tasche wird beginnend mit der Vorderseite in einem Stück gearbeitet.

TASCHE

Mit Nadeln Nr. 9 insgesamt 54 M anschlagen und nach 1 Rückr linker M 54 cm glatt rechts stricken.
Danach beidseitig 6 M abketten und weiter über 42 M arbeiten. Nach 7 cm eine Markierung setzen. In der Zeichnung ist das der Punkt A.
Weiter 54 cm glatt rechts stricken und die nächste Markierung setzen, Punkt B in der Zeichnung. Nach nochmals 34 cm glatt rechts alle M mit doppeltem Faden abketten.

KONFEKTIONIEREN

Beidseitig die Strecke A bis B an Vorder- und Rückseite im Matratzenstich schließen. Die Tasche wenden und die kurzen Strecken (Ecken des Bodens) zwischen A und A schließen. Die unter der Klappe liegende obere Kante der Vorderseite mit 1 R fM behäkeln, dabei 1 fM pro gestrickte M arbeiten.

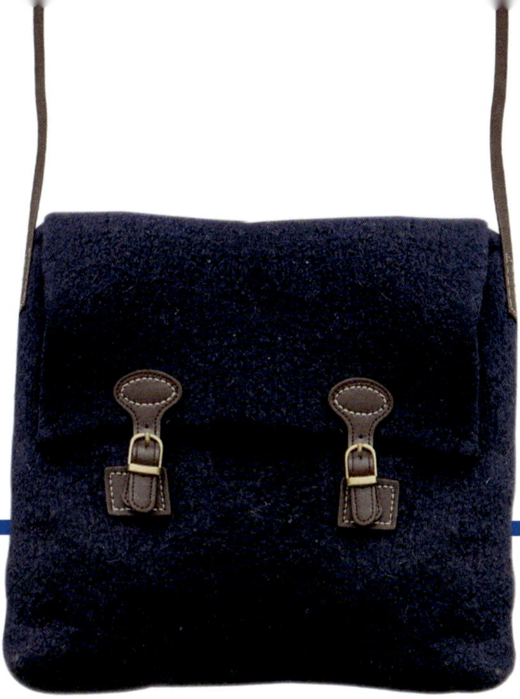

ZU GUTER LETZT

Alle Fäden vernähen. Die Tasche nach Anleitung (siehe Seite 6–7) verfilzen.
Danach die Taschenriemen beidseitig auf dem Seitenstreifen mit doppeltem Faden annähen.
An der vorderen Klappe den oberen Teil der Verschlüsse mit einem Abstand von 14 cm zum Rand anbringen.
Den unteren Teil der Verschlüsse auf dem Vorderteil der Tasche passend zum oberen Teil annähen.

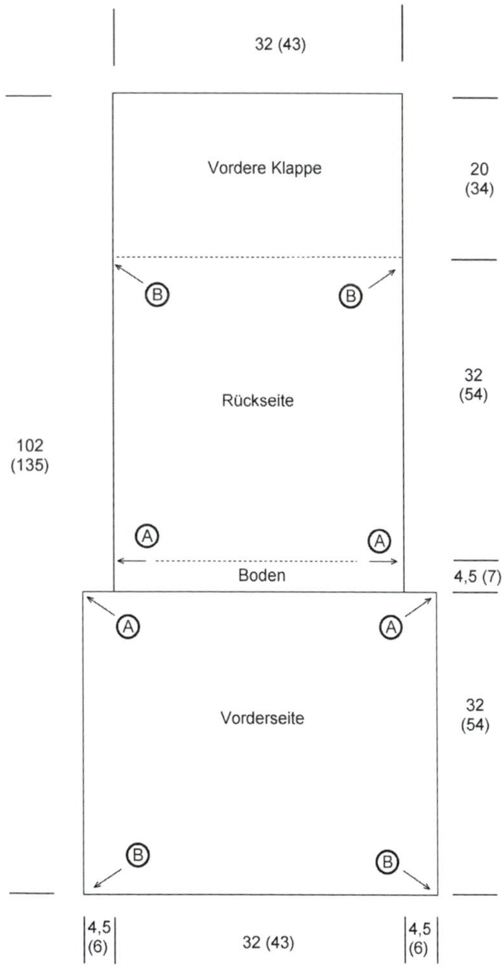

Schnell mal *quer* gestrickt

Statt in Runden wird hier ein Rechteck mit Blockstreifen gestrickt, zur Runde gelegt und dann der Boden in Runden angestrickt. Farblich passend ist ein robustes Gurtband als Henkel angenäht, dessen Enden unter chicen Kunstlederpatches verschwinden.

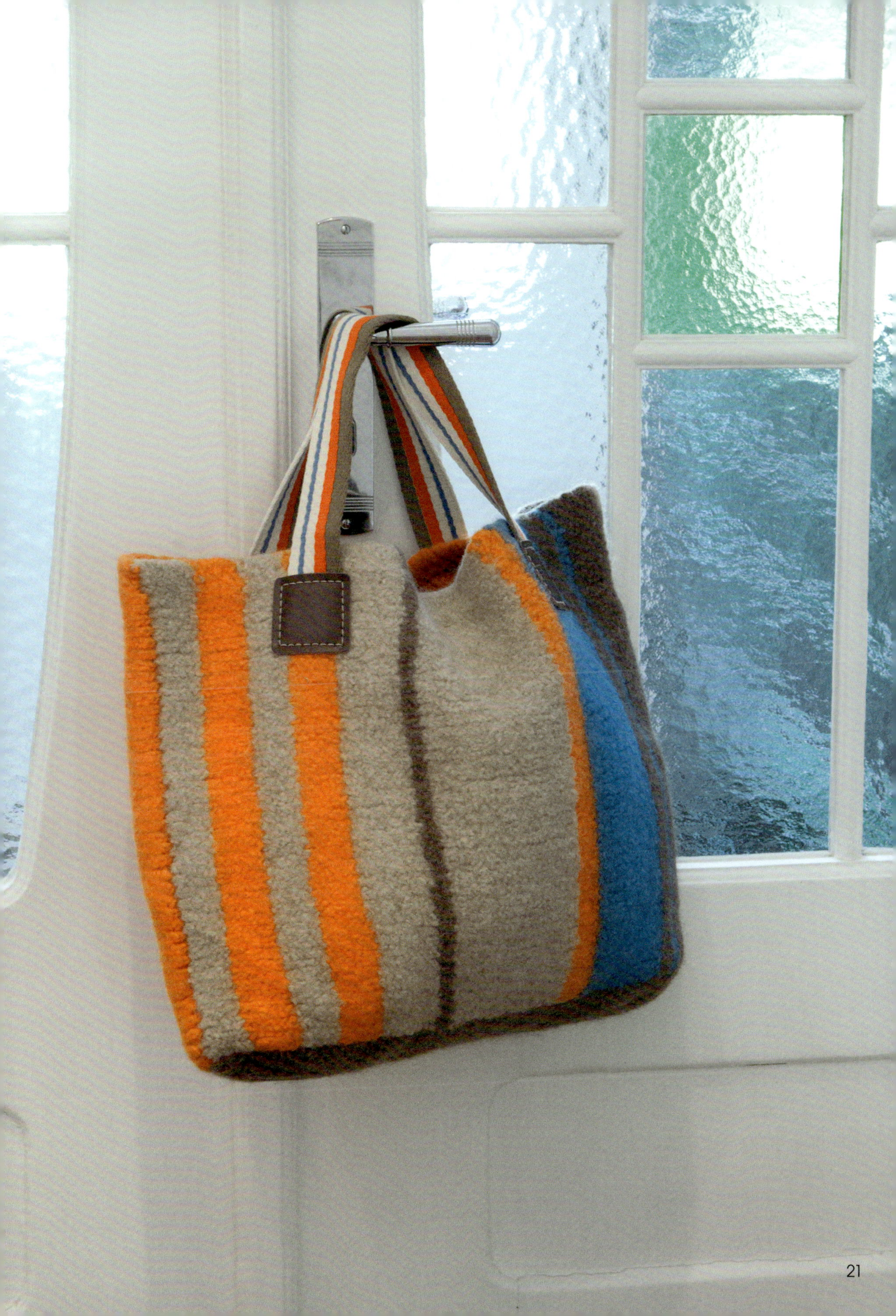

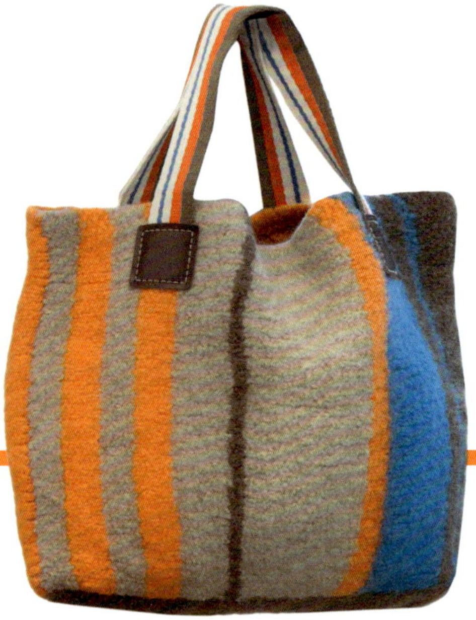

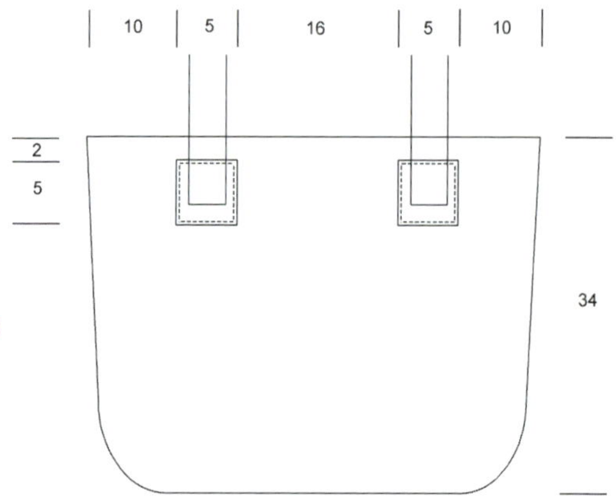

GRÖSSE

Vor dem Filzen: 145 x 48 cm (Umfang x Höhe zzgl. Boden). Nach dem Filzen: 92 x 34 cm (Umfang x Höhe).

MATERIAL

Lana Grossa **Feltro** (100 % Wolle; Lauflänge 50 m/50 g) **250 g** Mandarin **(Fb 80)**, **150 g** Braun meliert **(Fb 23)**, **200 g** Beige meliert **(Fb 24)** und **50 g** Türkisblau **(Fb 42)**; Stricknadeln Nr. 9; Rundstricknadel Nr. 9 in 60 cm Länge; Hilfsnadel oder Nadel aus passendem Nadelspiel; 100 cm orange-bunt gestreiftes Gurtband, 40 mm breit, Art. 965209 von Prym; 4 braune Fixierpatches, 5,5 x 5,5 cm, Art. 615 7511 von Prym; 1 silberfarbener Magnetknopf zum Annähen, 19 mm, Art. 416 470 von Prym

MASCHENPROBE

Mit Nadeln Nr. 9 glatt rechts gestrickt und vor dem Waschen gemessen, ergeben 9,5 M und 13,5 R = 10 x 10 cm.

MUSTER

Glatt rechts

In Hinr rechte M, in Rückr linke M stricken.

Randmuster

Perlmuster über 3 M, dazu in Hin- und Rückr 1 M rechts, 1 M links, 1 M rechts stricken.

Farbfolge

72 R Mandarin, 8 R Beige meliert, 8 R Braun meliert, 8 R Beige meliert, 8 R Braun meliert, 2 R Türkisblau, 4 R Braun meliert, 16 R Türkisblau, 4 R Mandarin, 22 R Beige meliert, 2 R Braun meliert, 12 R Beige meliert, 6 R Mandarin, 6 R Beige meliert, 6 R Mandarin, 6 R Beige meliert.

ANLEITUNG

Hinweis: Die Skizze bezieht sich auf die Maße nach dem Waschen und dient zur korrekten Platzierung der Henkel.

TASCHENKÖRPER

Mit Nadeln Nr. 9 in Mandarine 45 M anschlagen und nach einer Rückr linker M im Grundmuster die Farbfolge = 190 R 1 x arbeiten. Am rechten Rand 3 M Perlmuster,

Schnell mal *quer* gestrickt

Gestreifte XXL-Tasche

beginnend mit 1 M rechts, stricken. In den Rückreihen liegt der Perlrand am Ende der R. Hier ebenfalls 1 M rechts, 1 M links, 1 M rechts arbeiten.

Nach 190 R Streifenfolge alle M abketten.

Die Anschlagskante und abgekettete Kante gegeneinander legen und von rechts im Maschenstich schließen. Der Perlrand ist später die obere Kante der Tasche, der glatte Rand die untere, aus der der Boden herausgestrickt wird.

BODEN

In Braun meliert aus dem glatten Rand 95 M auffassen, indem aus jeder zweiten R 1 M gestrickt wird. An der Naht des Taschenkörpers beginnen. Die M zur Rd schließen und 1 Rd glatt rechts stricken, dabei nach der ersten M 1 M aus dem Querfaden zunehmen = 96 M.

3 Rd glatt rechts stricken, dann die 1. und 49. M der Rd markieren. Jeweils vor und nach den markierten M wird nun in jeder Rd abgenommen, dazu die M vor der markierten M rechts und die M nach der markierten M rechts verschränkt zusammenstricken. 8 Rd mit Abnahmen arbeiten und so 8 x 4 M abnehmen = 64 M.

Nach der letzten Abnahme die Tasche wenden und je 32 M auf eine Stricknadel nehmen. Beide Nadeln liegen hintereinander. Mit einer 3. Nadel oder Hilfsnadel nun die 1. M der vorderen und hinteren Nadel links zusammenstricken, dann die 2. M der vorderen und hinteren Nadel ebenfalls links zusammenstricken und die erste M über die zweite M ziehen.

Auf diese Weise fortlaufend alle M zusammenstricken und nacheinander abketten, bis die Bodennaht haltbar geschlossen ist. Die Arbeit beenden.

ZU GUTER LETZT

Alle Fäden vernähen. Die Tasche nach Anleitung (siehe Seite 6–7) verfilzen.

Aus dem Gurtband 2 Henkel à 50 cm zuschneiden und gemäß Zeichnung an Vorder- und Rückseite der Tasche mit doppeltem Zwirn annähen. Das Patch liegt dabei über den Henkelenden.

Mittig mit ca. 3 cm Abstand von der oberen Kante einen Magnetverschluss annähen.

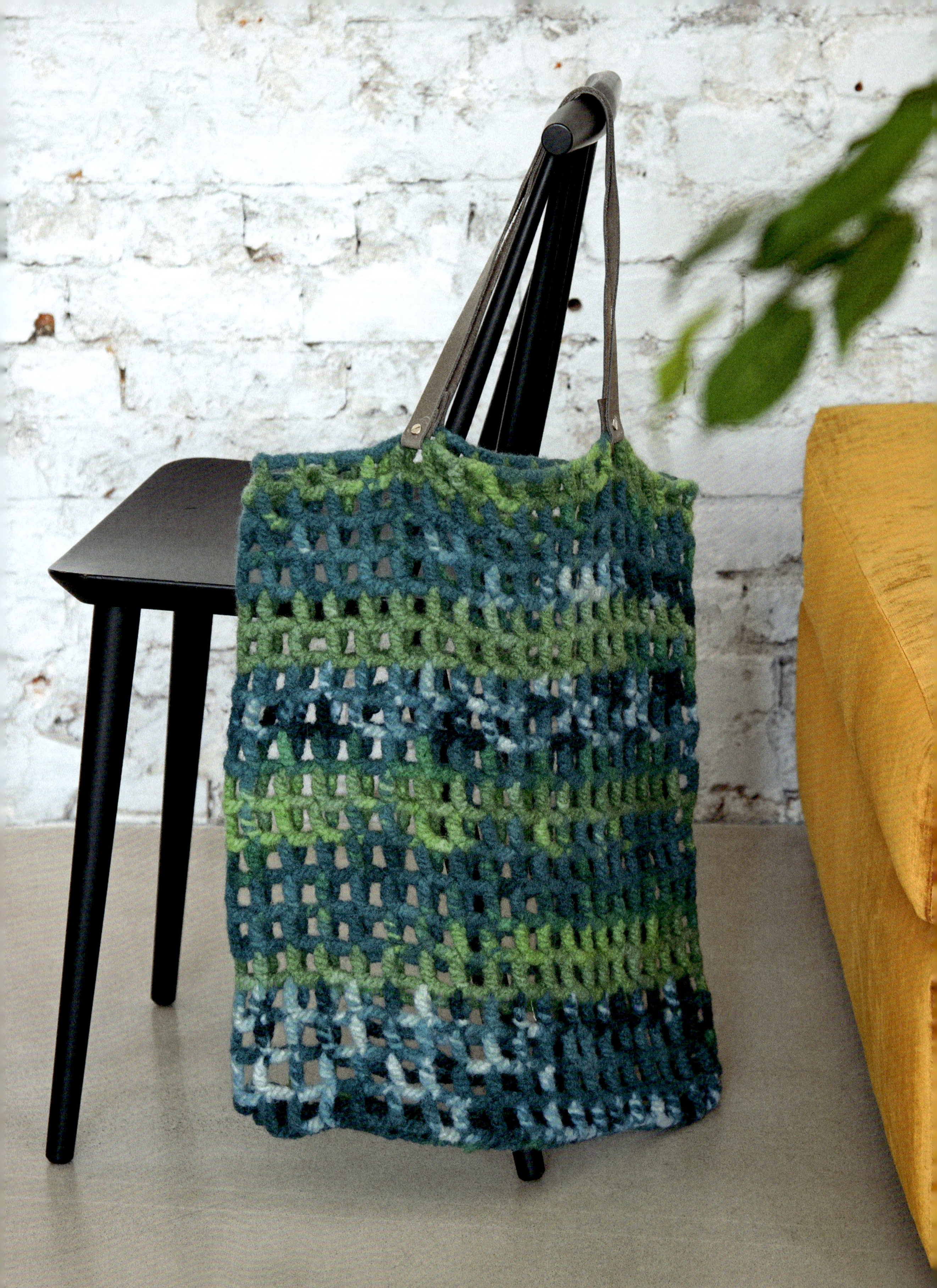

Easy peasy Netz

Absolut anfängergeeignet ist dieses Einkaufsnetz. Nur Doppelstäbchen in Runden häkeln und fertig ist ein Einkaufsnetz, das den Obstvorrat der ganzen Woche beherbergen kann. Die hübschen Lederhenkel sind schnell eingeschraubt und geben dem Ganzen einen edlen Touch.

Easy peasy Netz

Einkaufsnetz mit Lederhenkeln

GRÖSSE

<u>Vor dem Filzen:</u> 66 x 132 cm (Höhe x Umfang). <u>Nach dem Filzen:</u> 48 x 96 cm (Höhe x Umfang).

MATERIAL

Lana Grossa **Feltro Nebbia** (100 % Wolle; Lauflänge 50 m/50 g) **350 g** Hell-/Jadegrün/Grau-/Dunkelgrün **(Fb 1505)**; Häkelnadel Nr. 7; 2 ungenähte, graue Lederhenkel von Leder-Baumann, 2 cm breit, 65 cm lang; 4 silberne Buchschrauben von Leder-Baumann

MASCHENPROBE

Mit Nadel Nr. 7 ergeben 4 Quadrate laut Häkelschrift in der Breite und 4 R in der Höhe 14 x 14 cm.

MUSTER

Filethäkelei

Siehe Häkelschrift.

ANLEITUNG

TASCHE

152 Lm anschlagen und mit einer Km zur Rd schließen.

Weiter nach Häkelschrift in Rd arbeiten. Jede Rd wird mit 4 Steige-Lm begonnen, die das 1. DStb ersetzen, und mit einer Km in die oberste der Steige-Lm geschlossen.

1 x die 1. Rd, danach noch 18 x die 2. Rd häkeln.

Dann die Arbeit beenden.

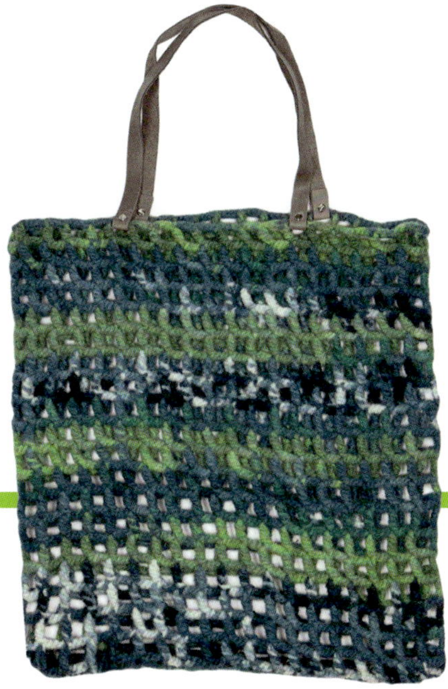

ZU GUTER LETZT

Alle Fäden vernähen.

Die Tasche nach Anleitung verfilzen (siehe Seite 6–7), jedoch abweichend 60 Grad einstellen.

Die Enden des ersten Henkels am oberen Rand der Taschenvorderseite mittig mit 7 Filet-Kästchen Abstand zueinander um die obere Lm-Kette legen und umlegen. Die 2 Löcher liegen nun jeweils aufeinander. Mit Buchschrauben fixieren. An der Rückseite der Tasche an gleicher Stelle den zweiten Riemen ebenso anbringen.

Filethäkelei

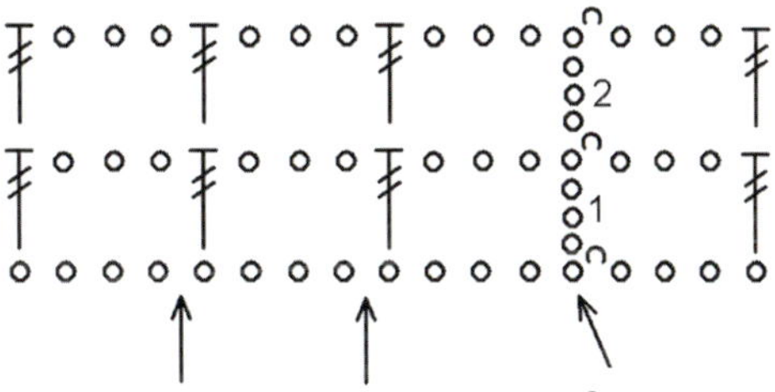

Zeichenerklärung:

∩ = Kettmasche

o = Luftmasche

Doppelstäbchen-Symbol = Doppelstäbchen

Skandi kann auch *Filz*

Durch das dicke Filzgarn wirkt das Ton-in-Ton abgestimmte Fair-Isle-Muster schön modern und fast wie gemalt. Auch in Rot-Orange-Pink oder ganz dezent in Graunuancen der Knaller.

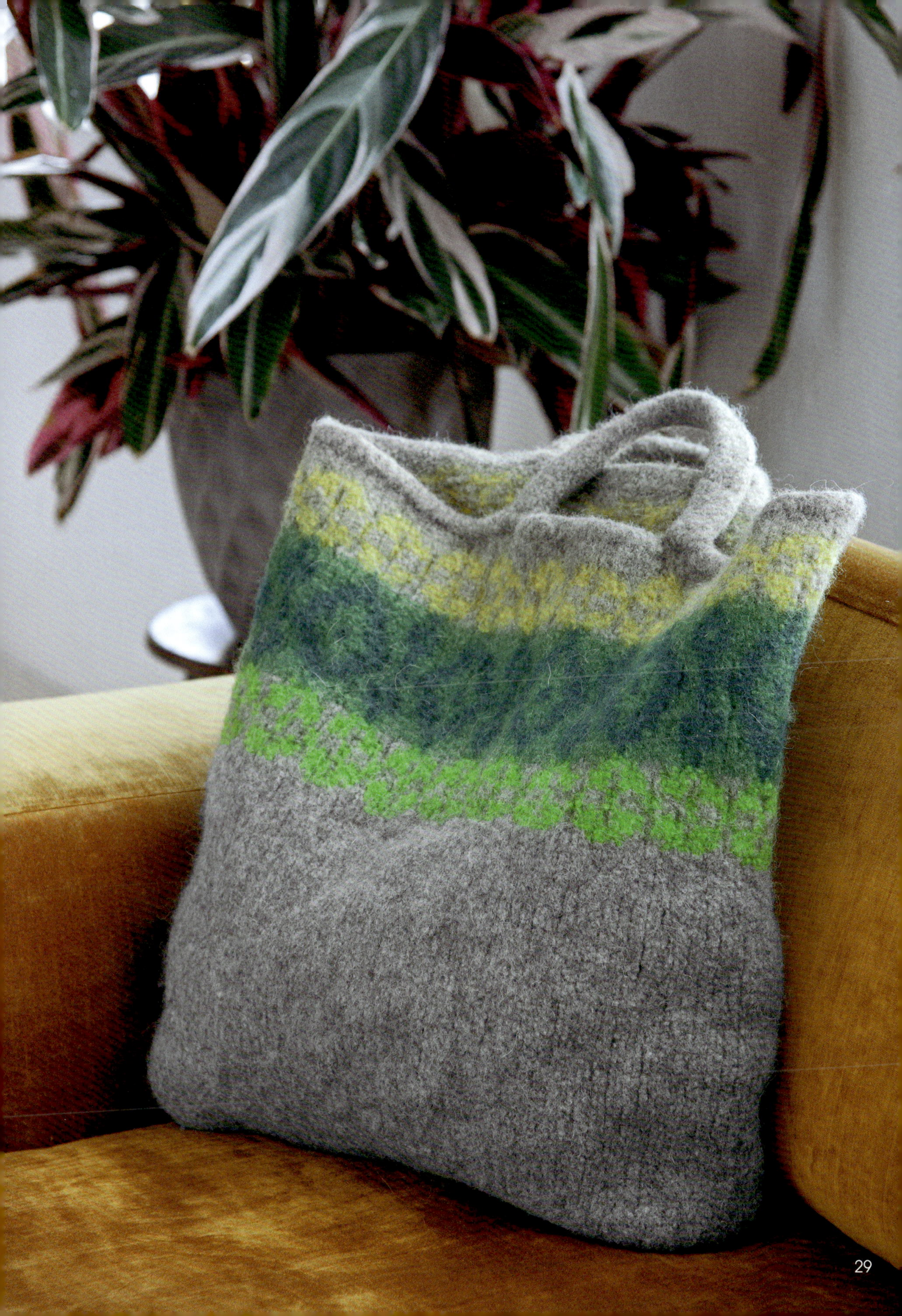

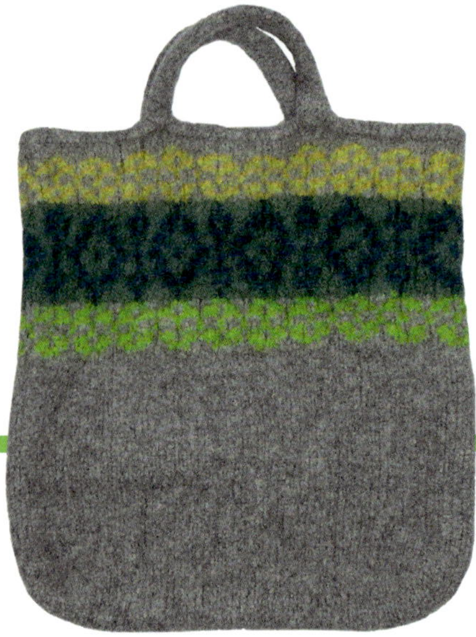

GRÖSSE

Vor dem Filzen: 70 x 68 cm (Höhe x Breite).
Nach dem Filzen: 44 x 48 cm (Höhe x Breite).

MATERIAL

Lana Grossa **Feltro** (100 % Wolle; Lauflänge 50 m/50 g) **550 g** Grau meliert **(Fb 3)**, **100 g** Grasgrün **(Fb 11)**, **50 g** Petrolgrün **(Fb 31)**, 50 g Giftgrün **(Fb 59)** und **50 g** Gelbgrün **(Fb 82)**; Rundstricknadel Nr. 9; Nadelspiel Nr. 8

MASCHENPROBE

Mit Nadel Nr. 9 glatt rechts gestrickt und vor dem Waschen gemessen, ergeben 9 M und 13 R = 10 x 10 cm.

MUSTER

Glatt rechts

In Hinr rechte M, in Rückr linke M stricken. In Rd nur rechte M stricken.

Jacquardmuster

Maschenzahl teilbar durch 12. Nach Zählmuster in Rd arbeiten und 1 x die 1.–32. Rd stricken.

ANLEITUNG

TASCHENBODEN

Mit Grau meliert 50 M anschlagen und 12 R glatt rechts in R arbeiten. Dann alle M abketten.

TASCHENKÖRPER

Für den Taschenkörper aus dem Boden 120 M herausstricken. Begonnen wird in der Mitte einer schmalen Seite. Aus der halben schmalen Seite 5 M stricken, aus der langen Seite 50 M stricken, aus der zweiten halben kurzen Seite 10 M herausstricken und aus der zweiten langen Seite ebenfalls 50 M herausarbeiten und die Runde beenden mit 5 M der ersten schmalen Seite.
Die M zur Rd schließen. 52 Rd glatt rechts stricken, dann das Zählmuster beginnen und 1 x die 1.–32. Rd stricken.
Danach weiter in Grau meliert 4 Rd glatt rechts arbeiten.
Nach der 88. Rd alle M mit doppeltem Faden abketten.

Skandi kann auch Filz

Shopper mit Norwegermuster

HENKEL

Zwei identische Henkel stricken. Dazu in Grau meliert 8 M anschlagen und auf 3 Nadeln des Nadelspiels verteilen (2/3/2 M). Die M zur Rd schließen und 40 cm glatt rechts stricken, dann die M abketten.

Den 2. Henkel identisch stricken.

Die Henkelenden jeweils mittig mit einem Abstand von ca. 24 cm an die Vorder- und Rückseite der Tasche annähen. Dabei jeweils die Hälfte der Henkelenden an die Außenseite und die andere Hälfte an die Innenseite nähen, sodass die obere Kante der Tasche wie eine Spange umschlossen wird. Alle drei Lagen (Henkelvorderseite, Tasche, Henkelrückseite) noch 1 x durchnähen.

ZU GUTER LETZT

Alle Fäden vernähen. Die Tasche nach Anleitung (siehe Seite 6–7) verfilzen.

Zählmuster

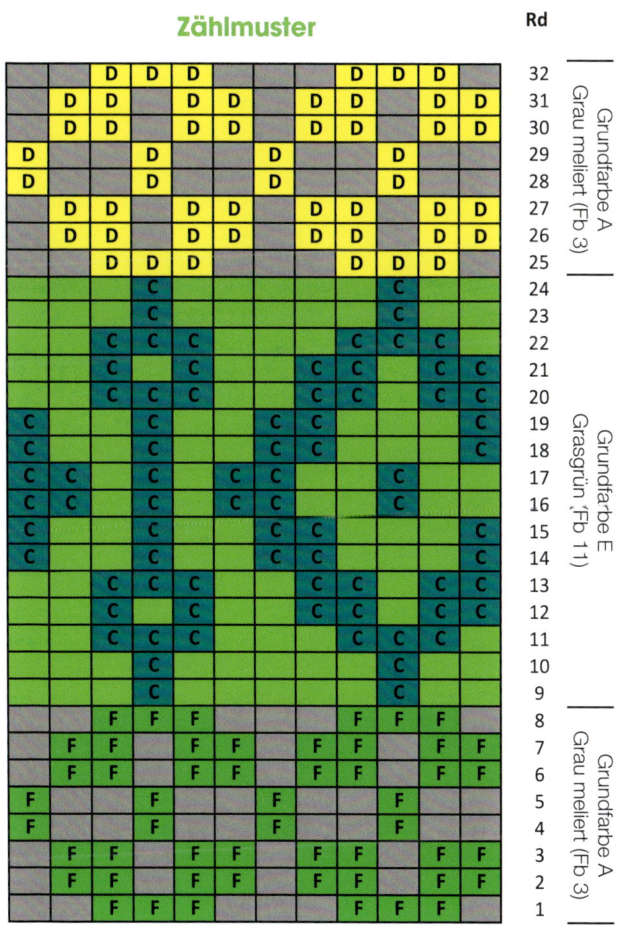

Zeichenerklärung:

- A = Grau meliert
- C = Petrolgrün
- D = Gelbgrün
- E = Grasgrün
- F = Giftgrün

BOHO ist eine Abkürzung von Bohemian, was ursprünglich einen lockeren, unkonventionellen, lässigen Lebensstil im 19. Jahrhundert bezeichnete. Übersetzt in die Mode steht es für einen unperfekten und ungezwungenen Look mit Ethno- und Gipsyelementen, Rüschen, Volants und viel Gehäkeltem.

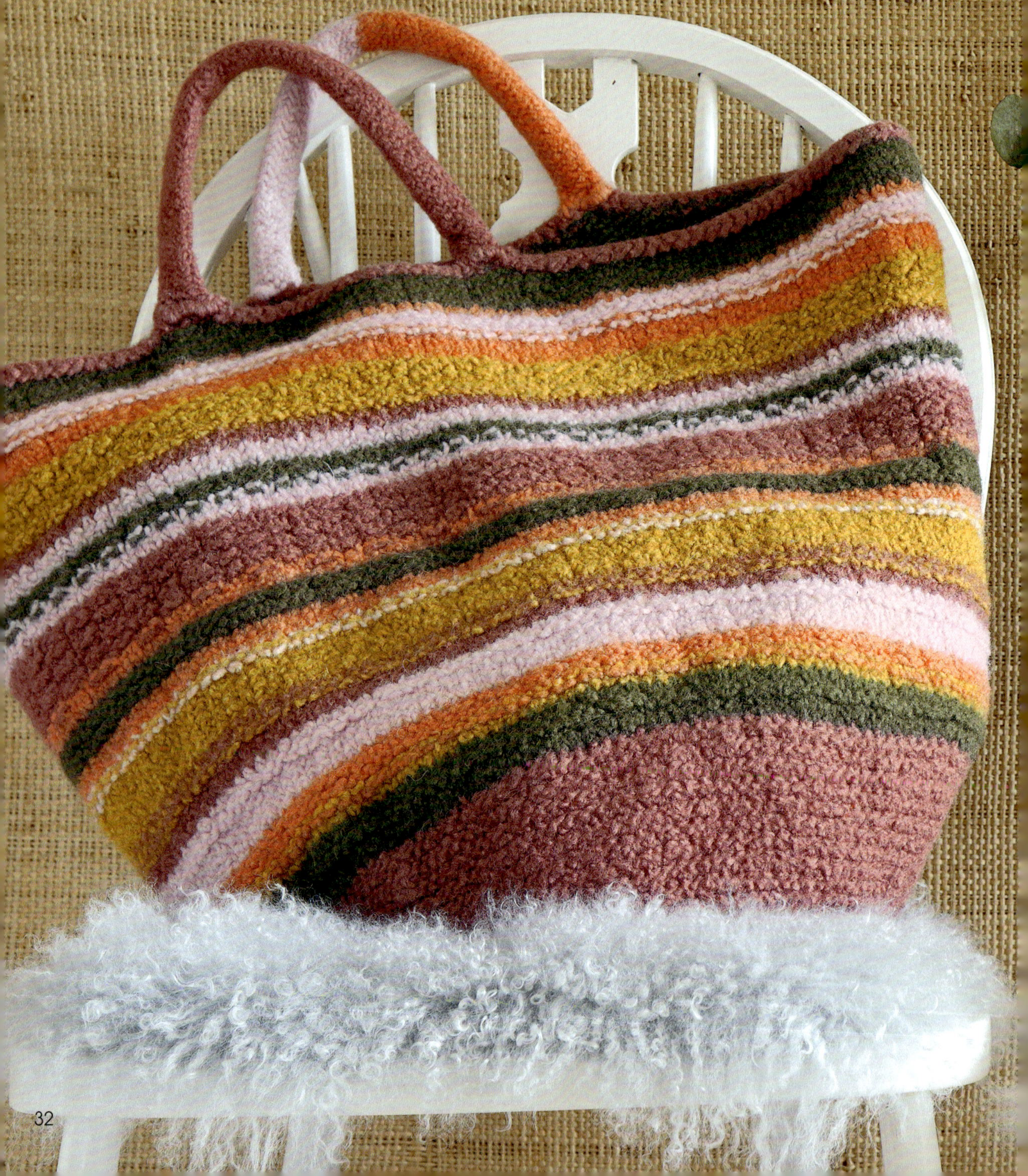

Boho lässt grüßen

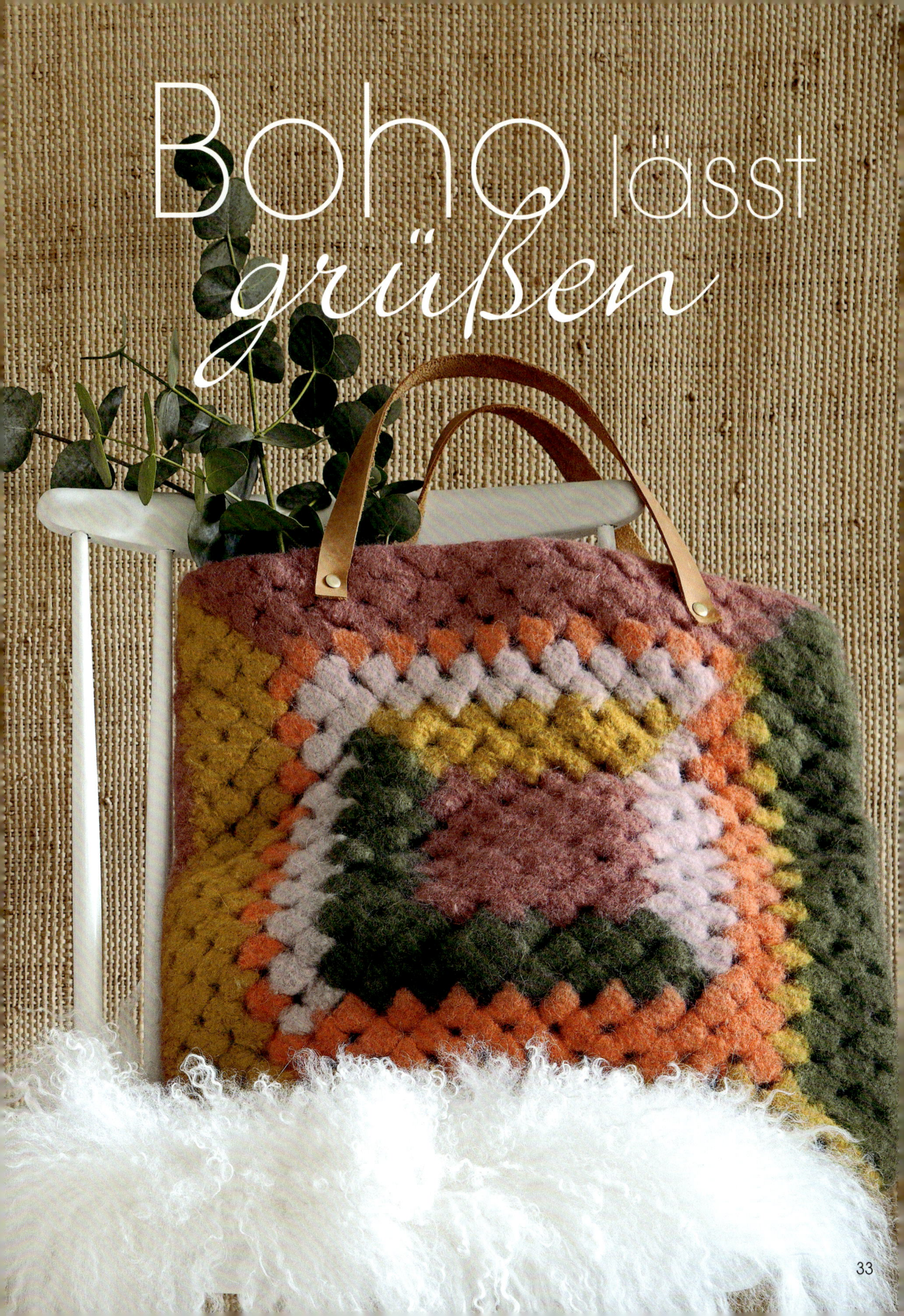

Boho lässt grüßen

Beutel mit bunten Streifen

GRÖSSE

Nach dem Filzen: 42 x 105 cm (Höhe x Umfang).

MATERIAL

Lana Grossa **Feltro** (100 % Wolle; Lauflänge 50 m/50 g) **500 g** helles Terracotta **(Fb 84)**, je **200 g** in Puderrosa **(Fb 70)**, Dunkeloliv **(Fb 86)**, Senf **(Fb 93)** und Lachs **(Fb 83)**; Häkelnadel Nr. 7;Rundstricknadel Nr. 9; Nadelspiel Nr. 8

MASCHENPROBE

Mit Nadel Nr. 9 glatt rechts gestrickt und vor dem Waschen gemessen, ergeben 10 M und 14 Rd = 10 x 10 cm.

MUSTER

Glatt rechts
In Rd nur rechte M stricken.

Glatt links
In Rd nur linke M stricken.

Perlmuster
1. Rd: 1 M rechts, 1 M links im Wechsel.
2. Rd: 1 M links, 1 M rechts im Wechsel.
Die 1.–2. Rd fortlaufend wiederholen.

Boden
FM in Runden.

Muster- und Farbfolge für den Taschenkörper
1.–4. Rd (Dunkeloliv): 2 Rd rechte M, 1 Rd linke M, 1 Rd rechte M.
5.–6. Rd (Senf): 2 Rd rechte M.
7.–9. Rd (Lachs): 3 Rd linke M.
10.–17. Rd (Puderrosa): 5 Rd rechte M, 1 Rd linke M, 2 Rd rechte M.

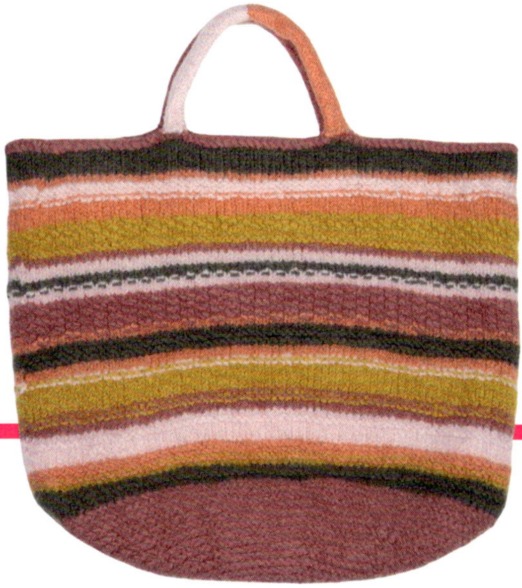

18.–20. Rd (helles Terracotta): 3 Rd rechte M.
21. Rd (Senf): 1 Rd rechte M.
22.–23. Rd (helles Terracotta): 2 Rd rechte M.
24.–31. Rd (Senf): 8 Rd rechte M.
32. Rd (Puderrosa): 1 Rd linke M.
33.–35. Rd (Lachs): 3 Rd rechte M.
36.–38. Rd (Dunkeloliv): 1 Rd rechte M, 2 Rd linke M.
39.–41. Rd (Lachs): 3 Rd rechte M.
42.–49. Rd (helles Terracotta): 8 Rd im Perlmuster.
50.–52. Rd (Puderrosa): 3 Rd rechte M.
53.–54. Rd (Dunkeloliv): 2 Rd im Perlmuster.
55.–57. Rd (Puderrosa): 3 Rd rechte M.
58.–59. Rd (helles Terracotta): 2 Rd rechte M.
60.–66. Rd (Senf): 1 Rd rechte M, 1 Rd linke M, 2 Rd rechte M, 3 Rd im Perlmuster.
67.–71. Rd (Lachs): 5 Rd rechte M.
72.–74. Rd (Puderrosa): 3 Rd linke M.
75.–76. Rd (Lachs): 2 Rd rechte M.
77.–82. Rd (Dunkeloliv): 6 Rd rechte M.
83. Rd (helles Terracotta): 1 Rd linke M.

ANLEITUNG

Hinweis: Der Boden der Tasche wird gehäkelt, der Taschenkörper gestrickt.

TASCHENBODEN

In Terracotta mit der Häkelnadel in einen flexiblen Fadenring beginnend mit 3 Steige-Lm 11 Stb häkeln und mit einer Km zur Rd schließen. Weiter in Spiral-Rd fM häkeln, dabei die Rd nicht schließen. Den Rd-Übergang mit einem Faden markieren.
Den Boden über 22 Rd häkeln. Für die Zunahmen die M verdoppeln, indem 2 M in 1 M gehäkelt werden. Die Zunahmen erfolgen immer in den ungeraden Rd, die geraden Rd gelten als Zwischen-Rd ohne Zunahme.
1. Rd: Jede M verdoppeln = 24 M.
3. Rd: Jede 2. M verdoppeln = 36 M.
5. Rd: Jede 3. M verdoppeln = 48 M.
7. Rd: Jede 4. M verdoppeln = 60 M.
9. Rd: Jede 5. M verdoppeln = 72 M.
11. Rd: Jede 6. M verdoppeln = 84 M.

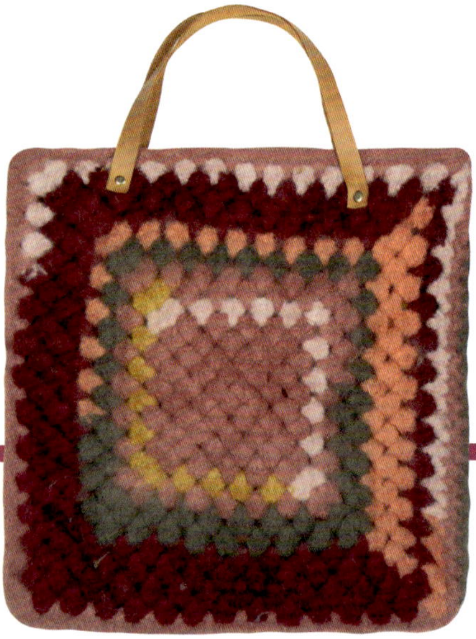

ANLEITUNG

TASCHENKÖRPER

Mit Terracotta in einen Fadenring beginnend mit 3 Lm nach Häkelschrift arbeiten.
Die 1.–4. Rd nach Häkelschrift in Rd arbeiten. Danach weiter gemäß Häkelschrift, nun aber in R häkeln. Jeweils über eine Seite des Quadrats in der entsprechenden Farbe in Hin- und Rückr häkeln.
Nach insgesamt 14 Rd und R die Arbeit beenden.
Die Diagonalen schließen wie beschrieben.
Die zweite Taschenseite ebenso häkeln.

ZU GUTER LETZT

Vorder- und Rückseite an drei Seiten wahlweise zusammenhäkeln oder im Überwendlichstich zusammennähen. Alle Fäden vernähen.
Den Shopper nach Anleitung verfilzen (siehe Seite 6–7) und nach der Wäsche stark in Form ziehen.
Die Enden des ersten Henkels am oberen Rand der Taschenvorderseite mittig mit 7 Stb-Gruppen Abstand zueinander um die obere Kante legen und umlegen. Die 2 Löcher liegen nun jeweils aufeinander. Mit Buchschrauben fixieren. Damit die Schrauben nicht durch die M rutschen, an der Rückseite jeweils einen kleinen Lederrest mit befestigen und die Schrauben durch beide Lagen Leder schrauben.
An der Rückseite der Tasche an gleicher Stelle den zweiten Riemen ebenso anbringen.

Häkelschrift

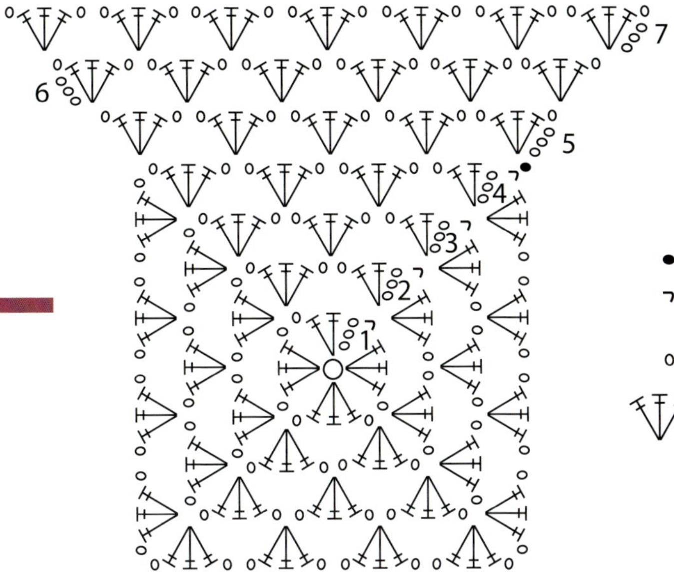

Zeichenerklärung:

● = Faden neu anschlingen

⌐ = halbes Stäbchen in oberste Steige-Luftmasche

o = Luftmasche

= 3 Stäbchen um den Luftmaschen-Bogen

Farbschema

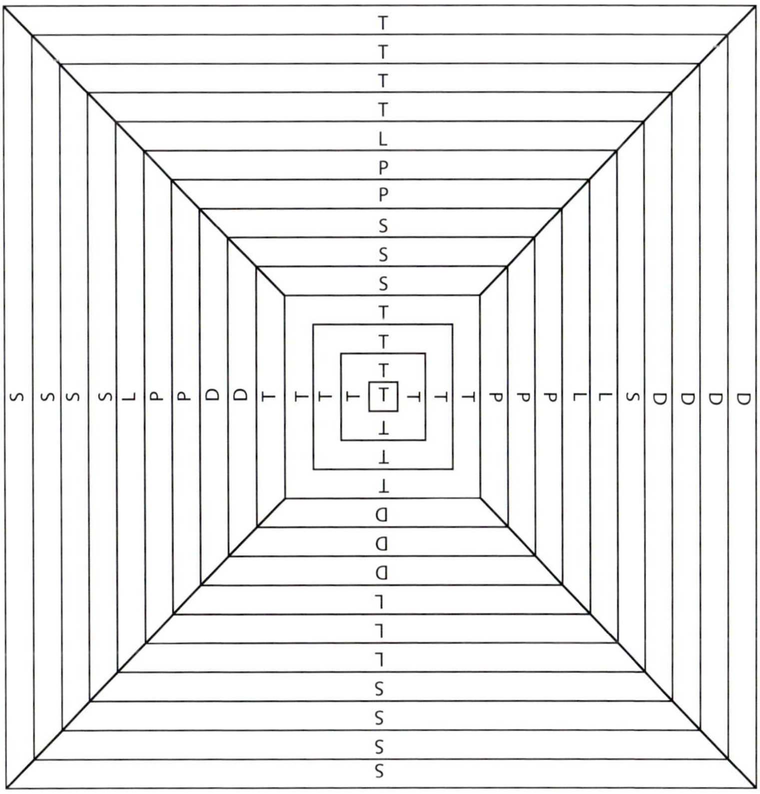

Zeichenerklärung:

T = Helles Terracotta

D = Dunkeloliv

S = Senf

P = Puderrosa

L = Lachs

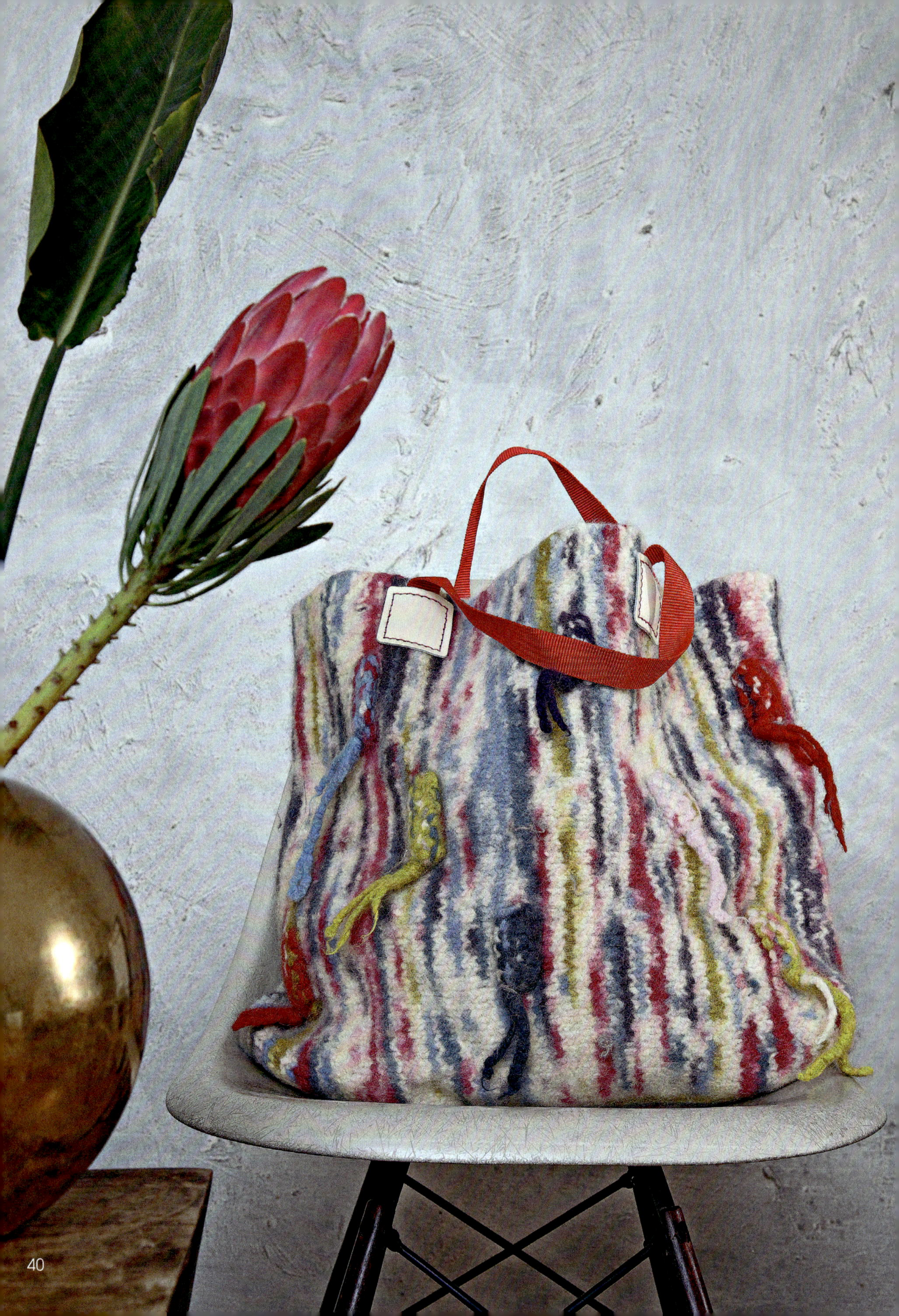

Langes Fädchen ...

... faules Mädchen. Quergestrickt für Strickerinnen und Stricker, die gern experimentieren und sich das Fäden vernähen sparen wollen. Einfach nach außen ziehen und verfilzen lassen. Wer schnell fertig sein will, zieht mit dieser Zipfeltasche das große Los.

Langes Fädchen ...

Quergestrickte Einkaufstasche

GRÖSSE

Vor dem Filzen: 50 x 140 cm (Höhe x Umfang). Nach dem Filzen: 40 x 100 cm (Höhe x Umfang).

MATERIAL

Lana Grossa **Feltro Snow** (100 % Wolle; Lauflänge 50 m/50 g) **500 g** in Rohweiß/Rosa/Pink/Grau/Oliv/Schiefer/Hellblau **(Fb 458)**; Lana Grossa **Feltro** (100 % Wolle, Lauflänge 50 m/50 g), **je 50 g** in Rot **(Fb 7)**, Hellblau **(Fb 65)**, Grüngelb **(Fb 82)**, Puderrosa **(Fb 70)**, Pflaume **(Fb 54)** und Rauchblau **(Fb 73)**; Rundstricknadel Nr. 9; rotes Ripsband, 100 cm lang, 26 mm breit, Art. 19077710 von Prym; 4 weiße Fixierpatches, Art. 615 752 von Prym; pinkfarbener Zwirn

MASCHENPROBE

Mit Nadel Nr. 9 glatt rechts gestrickt und vor dem Waschen gemessen, ergeben 10 M und 14 R = 10 x 10 cm.

MUSTER

Glatt rechts

In Hinr rechte M, in Rückr linke M stricken. In Rd nur rechte M stricken.

Randmaschen

Am linken Rand Perlmuster über 3 M, dazu in Hin- und Rückr 1 M rechts, 1 M links, 1 M rechts stricken.
Am rechten Rand 1 M glatt rechts stricken.

Raupen

Über 6 M 3-fädig mit 2 Fäden Feltro und einem Faden Feltro Snow stricken.
1. R: 6 linke M.
2. R: 6 rechte M.
3. R: 6 linke M.
Feltro-Fäden abschneiden und sowohl die Fäden des Raupenanfangs als auch die des Raupenendes auf die Vorderseite legen, dort hängen lassen und nicht vernähen.
Weiter 11 R glatt rechts mit Feltro Snow stricken.

ANLEITUNG

TASCHENKÖRPER

Der Taschenkörper wird quer gestrickt. Mit Feltro Snow 50 M anschlagen und 1 Rückr linke M stricken, dann 4 R glatt rechts arbeiten. Danach mit dem Raupenmuster beginnen und die M wie folgt einteilen:

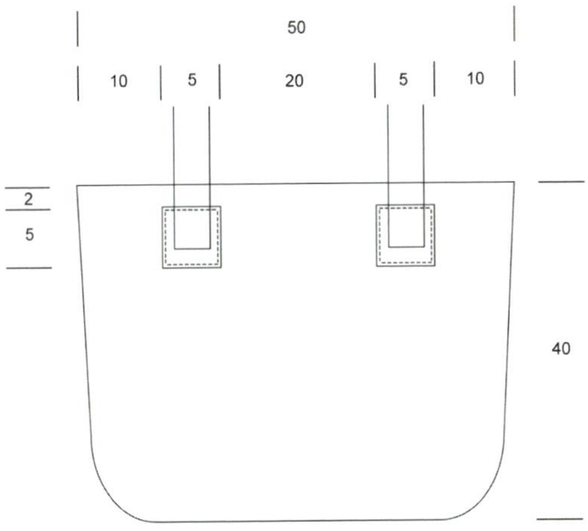

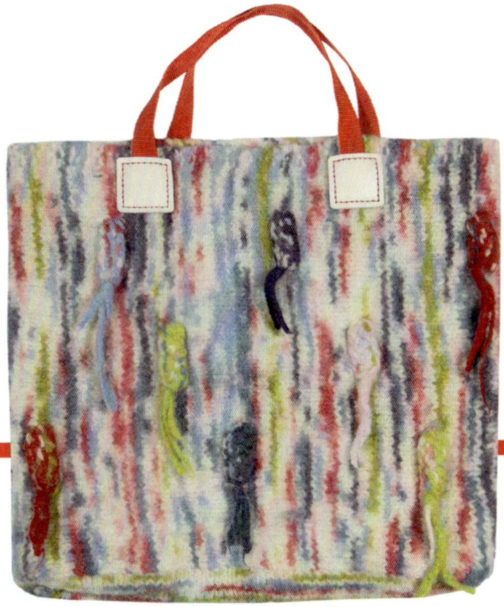

<u>1. R:</u> 10 M rechts, 6 M rote Raupe, 31 M rechts, 3 Randm.
<u>2. R:</u> 3 Randm, 31 M links, 6 M rote Raupe, 10 M links.
<u>3. R</u>: Wie 1. R.
<u>4.–14. R:</u> Glatt rechts stricken.
Die 1.–14. R noch 13 x wiederholen, dabei die Raupen versetzen und die Farben wechseln. Farbverteilung und Versatz: 2. Raupe in hellblau über die 35.–40. M stricken. 3. Raupe in Gelbgrün über die 23.–28. M stricken. Mit dem Versatz von vorn beginnen und für die 4.–14. Raupe die Farben wie folgt wechseln: Rauchblau, Violett, Puderrosa, Gelbgrün, Rot, Hellblau, Puderrosa, Gelbgrün, Rot, Hellblau, Puderrosa.
Nach der letzten Raupe noch 4 R glatt rechts stricken, dann alle M abketten (= 196 R).

TASCHENBODEN

Anschlagkante und abgekettete Kante gegeneinander legen und von rechts im Maschenstich schließen.
Aus der glatt rechts gestrickten Seitenkante beginnend an der Naht 96 M auffassen und zur Rd schließen. Die 1. und 49. M markieren. 3 Rd glatt rechts stricken.
Für die Bodenform danach in den folgenden 8 Rd pro Rd 4 M abnehmen, indem jeweils vor und nach den markierten M 2 M rechts zusammengestrickt werden (= 64 M).
Nach der letzten Abnahme die Tasche von innen nach außen wenden und je 32 M auf eine Nadel nehmen. Die Bodennaht schließen, hierzu nacheinander jeweils die 1. M der 1. und 2. Nadel links zusammenstricken und dann die vorausgegangene M überziehen. So alle M abketten und gleichzeitig die Bodennaht schließen. Die Arbeit beenden.

ZU GUTER LETZT

Alle Fäden der Qualität Feltro Snow vernähen. Die farbigen Feltro-Enden an der Vorderseite hängen lassen und mit verfilzen.
Die Tasche nach Anleitung verfilzen (siehe Seite 6–7), jedoch abweichend 60 Grad einstellen.
Aus dem roten Ripsband 2 Henkel à 50 cm zuschneiden und gemäß der Zeichnung zusammen mit den Lederpatches an Vorder- und Rückseite mit doppeltem, pinkfarbenem Zwirn annähen. Das Lederpatch liegt dabei über den Henkelenden.

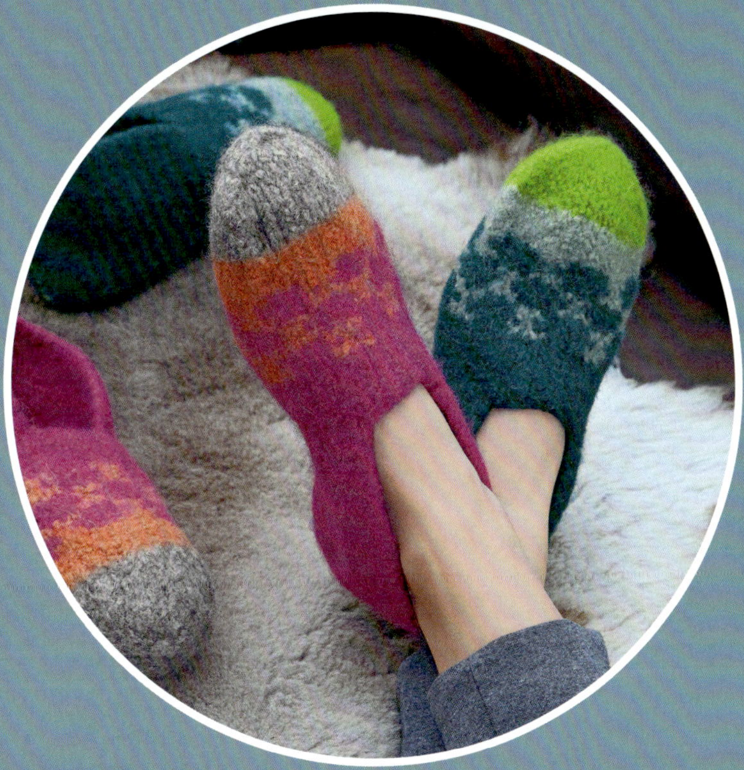

Schuhe

Früh *übt* sich …

… wer eine Ballerina werden will. Vor dem großen Auftritt steht noch die Herausforderung, endlich eine Schleife binden zu können. Wenn das noch gar nicht klappt, kann man ja auf die Hausballerinas mit glitzerndem Gummiband ausweichen. Rutschsicher werden die Schuhe durch flüssige Latexmilch, die punktuell auf die Sohle aufgetragen wird.

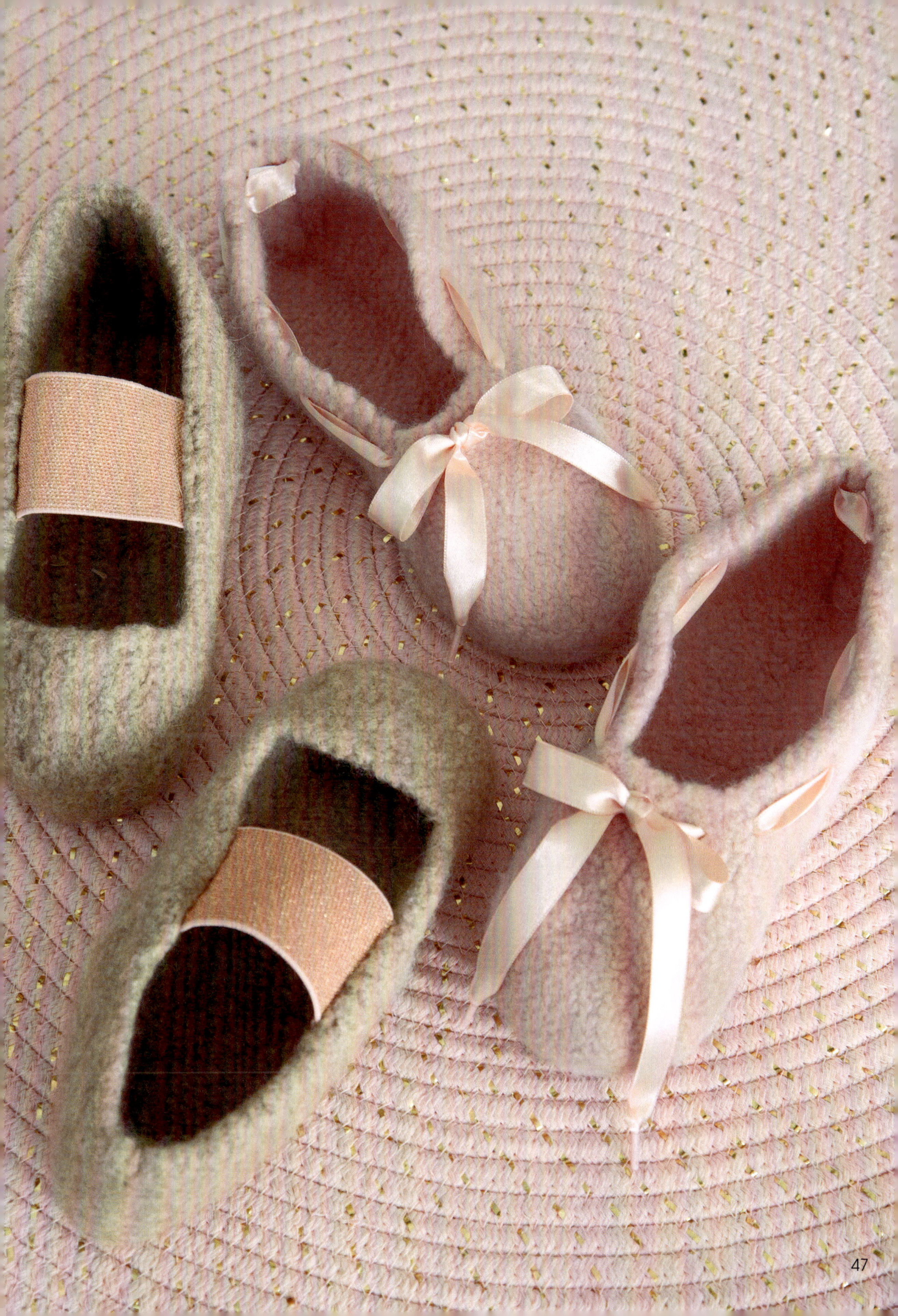

Früh *übt* sich ...

Filzschuhe Mary Jane

GRÖSSE
33–34 (35–36/37–38)
Die Angaben für Größe 33–34 stehen vor der Klammer, die Angaben für Größe 35–36 in der Klammer vor dem Strich, die Angaben für Größe 37–38 in der Klammer nach dem Strich. Bei nur einer Angabe gilt diese für alle Größen.

MATERIAL
Lana Grossa **Feltro** (100 % Wolle; Lauflänge 50 m/50 g) **150 g** Beige meliert **(Fb 24)**; Nadelspiel Nr. 7; Gummiband in Roségold, 25 cm lang, 50 mm breit, Art. 957 436 von Prym

MASCHENPROBE
Mit Nadeln Nr. 7 glatt rechts gestrickt und vor dem Waschen gemessen, ergeben 11 M und 15 R = 10 x 10 cm.

MUSTER
Glatt rechts
In Hinr rechte M, in Rückr linke M stricken. In Rd nur rechte M stricken.

ANLEITUNG

MASCHENANSCHLAG
28 (29/30) M anschlagen und eine Rückr linke M stricken. Den Anschlagsfaden lang hängen lassen und später zum Zusammennähen verwenden.
Weiter glatt rechts 26 (28/30) R stricken. Die erste und letzte M jeder R wird als Randm im Knötchenrand immer rechts gestrickt.
In der 27. (29./31.) R beidseitig 1 M rechts zusammenstricken = 26 (27/28) M. Diesen Vorgang in der 33. und 37. R wiederholen = 22 (23/24) M.

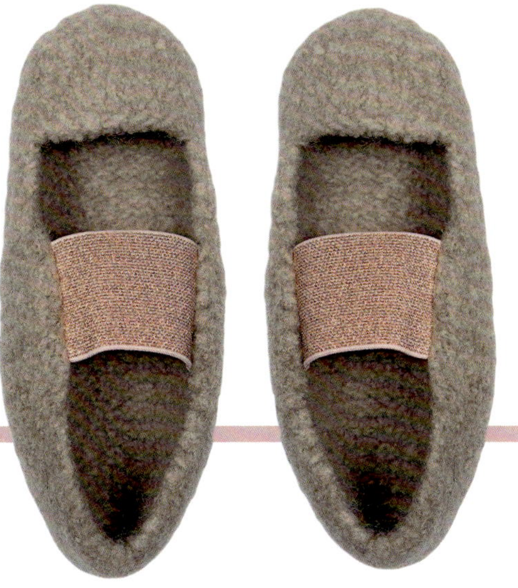

RUNDENSCHLUSS

In der 41. (43./45.) R am Ende der R 8 M neu anschlagen und alle M zur Rd schließen. Die M gleichmäßig auf 4 Nadeln verteilen. Dabei sind je nach Größe 7/8/7/8 M, 7/8/8/8 M oder 8/8/8/8 M auf den Nadeln. Weiter über 30 (31/32) M in Rd arbeiten. Nach 8 (10/12) Rd die Spitze beginnen.

SPITZE

Für die Rundung auf Nadel 1 und 3 die jeweils 2. und 3. M rechts zusammenstricken, auf Nadel 2 und 4 die vorletzte und drittletzte M rechts zusammenstricken = 26 (27/28) M. Diesen Vorgang noch 4 (5/5) x wiederholen. Dann den Faden abschneiden, durch die verbleibenden 10 (7/8) M und nach innen ziehen und dort fest vernähen.

ZU GUTER LETZT

Die hintere Naht im Maschenstich schließen. Alle Fäden vernähen und die Schuhe nach Anleitung verfilzen (siehe Seite 6–7). Danach in Form ziehen und zum Trocknen mit Zeitungspapier ausstopfen. Noch besser ist es, den Schuh am Fuß der Trägerin trocknen zu lassen.
2 Gummibänder à 7 (8/9) cm plus beidseitig 1,5 cm Nahtzugabe = 10 (11/12) cm zuschneiden. An der oberen Schuhkante 9 (10/10,5) cm von der hinteren Mitte aus abmessen und von dort aus in Richtung Spitze über 5 cm das Gummiband annähen. Die Nahtzugabe nach innen einschlagen. Zur Sicherheit die Sohle mit flüssigem Silikon, z.B. »Stop & Go Latexmilch« von Lana Grossa (im Wollfachhandel erhältlich) beträufeln, um so einen »Stopper-Socken-Anti-Rutsch-Effekt« zu erzielen.

Früh *übt* sich …

Filzschuhe Ballerina

GRÖSSE
33–34 (35–36/37–38)
Die Angaben für Größe 33–34 stehen vor der Klammer, die Angaben für Größe 35–36 in der Klammer vor dem Strich, die Angaben für Größe 37–38 in der Klammer nach dem Strich. Bei nur einer Angabe gilt diese für alle Größen.

MATERIAL
Lana Grossa **Feltro** (100 % Wolle; Lauflänge 50 m/50 g), **150 g** Puderrosa **(Fb 70)**; Nadelspiel Nr. 7; 1 Paar rosa Satinschnürsenkel, 100 cm lang, von Bergal

MASCHENPROBE
Mit Nadeln Nr. 7 glatt rechts gestrickt und vor dem Waschen gemessen, ergeben 11 M und 15 R = 10 x 10 cm.

MUSTER
Glatt rechts
In Hinr rechte M, in Rückr linke M stricken. In Rd nur rechte M stricken.

ANLEITUNG

MASCHENANSCHLAG
28 (29/30) M anschlagen und eine Rückr linke M stricken. Den Anschlagsfaden lang hängen lassen und später zum Zusammennähen verwenden.
Weiter glatt rechts 26 (28/30) R stricken. Die erste und letzte M jeder R wird als Randm im Knötchenrand immer rechts gestrickt.
In der 27. (29./31.) R beidseitig 1 M rechts zusammenstricken = 26 (27/28) M.

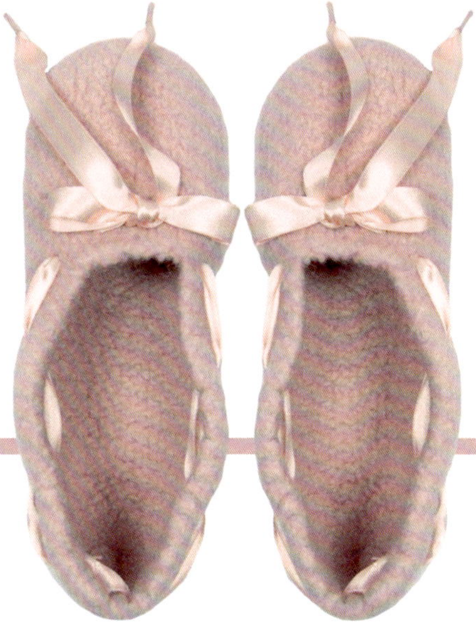

RUNDENSCHLUSS

In der 31. (33./35.) R am Ende der R 4 M neu anschlagen und alle M zur Rd schließen. Die M gleichmäßig auf 4 Nadeln verteilen. Dabei sind je nach Größe 7/8/7/8 M, 7/8/8/8 M oder 8/8/8/8 M auf den Nadeln. Weiter über 30 (31/32) M in Rd arbeiten. Nach 18 (20/22) Rd die Spitze beginnen.

SPITZE

Für die Rundung auf Nadel 1 und 3 die jeweils 2. und 3. M rechts zusammenstricken, auf Nadel 2 und 4 die vorletzte und drittletzte M rechts zusammenstricken = 26 (27/28) M. Diesen Vorgang noch 4 (5/5) x wiederholen. Dann den Faden abschneiden, durch die verbleibenden 10 (7/8) M und nach innen ziehen und dort fest vernähen.

ZU GUTER LETZT

Die hintere Naht im Maschenstich schließen. Alle Fäden vernähen und die Schuhe nach Anleitung verfilzen (siehe Seite 6–7). Danach in Form ziehen und zum Trocknen mit Zeitungspapier ausstopfen. Noch besser ist es, den Schuh am Fuß der Trägerin trocknen zu lassen.

Mit der Lochzange die Löcher gleichmäßig verteilt und 1,5 cm unterhalb der Kante einknipsen und je ein Satinband durchziehen. Je ein Loch wird in der hinteren Mitte rechts und links der Naht eingeknipst, je eines rechts und links über Eck am vorderen Ausschnitt. Zwischen diesen Löchern an den Seitenkanten in gleichmäßigen Abständen 3 Stück anbringen.

Zur Sicherheit die Sohle mit flüssigem Silikon, z.B. »Stop & Go Latexmilch« von Lana Grossa (im Wollfachhandel erhältlich) beträufeln, um so einen »Stopper-Socken-Anti-Rutsch-Effekt« zu erzielen.

Gute Nacht Fuchs und Hase!

Eigentlich sollten sich hier Fuchs und Hase Gute Nacht sagen. Aber nun ist der Hase eine Maus oder gar ein Schaf geworden und der Fuchs ging bei unserem kleinen Model glatt als Tiger durch. Auf jeden Fall sorgen die tierischen Schuhe für schön warme Füße, das ist bewiesen.

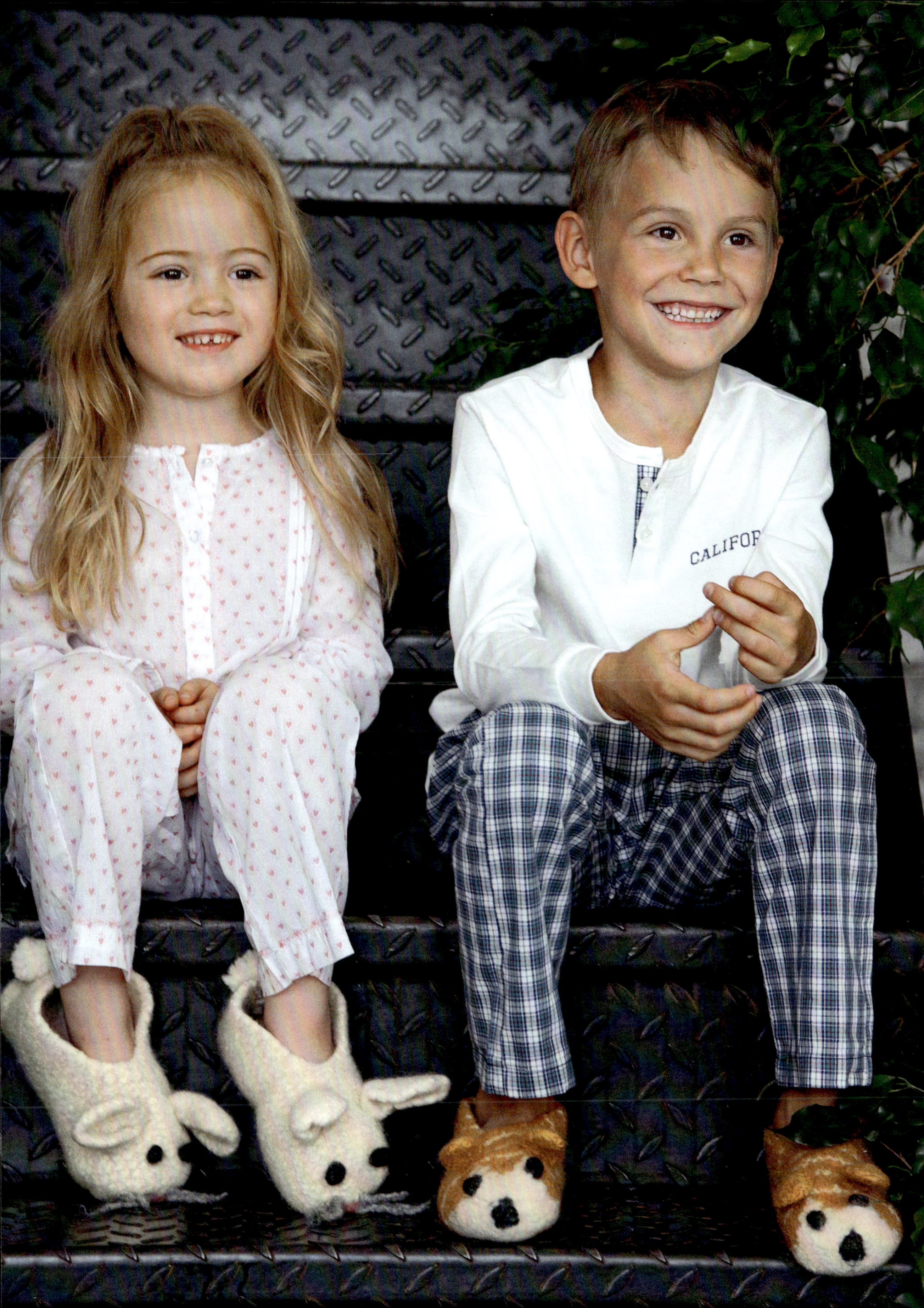
CALIFOR

Gute Nacht Fuchs und Hase!

Puschen Hase

GRÖSSE

Siehe Tabelle Seite 142–143.

MATERIAL

Variante Hase

Lana Grossa **Feltro** (100 % Wolle; Lauflänge 50 m/50 g) Rohweiß **(Fb 1)**, Verbrauch je nach Größe (siehe Tabelle Seite 142–143); **zusätzlich 50 g** für Ohren und Schwanz, **Reste** in Grau meliert **(Fb 3)**, Altrosa **(Fb 84)** und Schwarz **(Fb 6)**

Variante Fuchs

Lana Grossa **Feltro** (100 % Wolle; Lauflänge 50 m/50 g) Cognac **(Fb 77)**, Verbrauch je nach Größe (siehe Tabelle Seite 142–143); **zusätzlich 50 g** Rohweiß **(Fb 1)** für Streifen und Gesicht sowie **ein Rest** Schwarz **(Fb 6)**

Nadelspiel Nr. 7
Pomponmaker

MASCHENPROBE

Mit Nadeln Nr. 7 glatt rechts gestrickt und vor dem Waschen gemessen, ergeben 11 M und 15 R = 10 x 10 cm.

MUSTER

Glatt rechts

In Hinr rechte M, in Rückr linke M stricken. In Rd nur rechte M stricken.

ANLEITUNG

Hinweis: Die Angaben in dieser Beschreibung beziehen sich auf die Feltro-Tabelle (siehe Seite 142–143). Die Spalten sind mit A bis J bezeichnet. In den Spalten wählen Sie die Angaben passend zur Schuhgröße in der entsprechenden Spalte.

VARIANTE HASE

1 Paar Hausschuhe nach der Grundanleitung auf Seite 140–141 anfertigen. Abweichend zur Grundanleitung im Perlmuster stricken.

PERLMUSTER IN RD

1. Rd: 1 M rechts, 1 M links im Wechsel.
2. Rd: 1 M links, 1 M rechts im Wechsel.
Die 1.–2. Rd wiederholen.

OHREN

4 gleiche Ohren arbeiten. Hierzu jeweils 9 M anschlagen und nach einer Rückr 8 R im Perlmuster stricken.

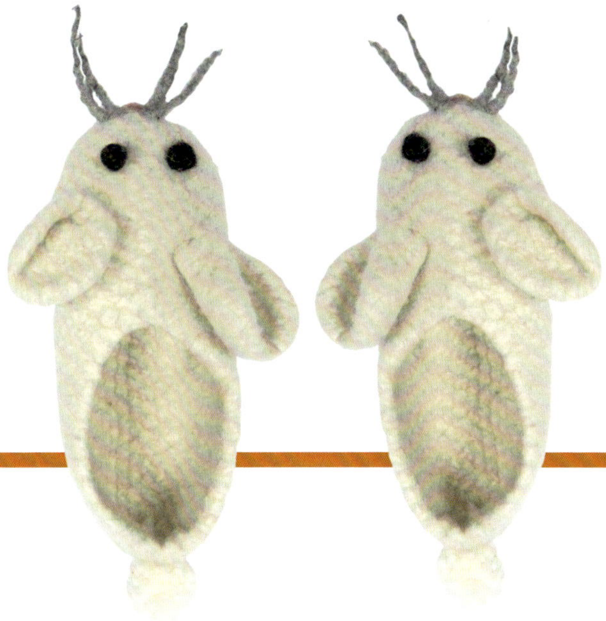

9. R: 1. und 2. M zusammenstricken = 8 M.
10. R: 1. und 2. M zusammenstricken = 7 M.
11. R: 1. und 2. sowie 6. und 7. M zusammenstricken = 5 M.
12. R: 1. und 2. sowie 4. und 5. M zusammenstricken = 3 M.
Faden abschneiden und durch die verbleibenden M ziehen. Ohren am Ansatz leicht nach innen falten und auf dem Schuh annähen.

NASE
Mit Altrosa im Plattstich über der Spitze des Schuhs eine kleine Nase aufsticken.

BARTHAARE
Drei Fäden in Grau meliert unterhalb der Nase durchfädeln, sodass rechts und links ca. 10 cm Faden hängen.

AUGEN
Vier gleiche Augen arbeiten. Hierzu jeweils mit einem Faden in Schwarz mithilfe einer dicken Stopfnadel einen großen Knoten bilden und diesen durch mehrmaliges Hineinstechen verdicken, bis eine ca. 1 cm dicke Kugel entstanden ist. Augen annähen.

KONFEKTIONIEREN
Hintere Naht im Maschenstich schließen.

VERFILZEN
Alle Fäden vernähen und die Schuhe nach Anleitung verfilzen (siehe Seite 6–7). Danach in Form ziehen und zum Trocknen mit Zeitungspapier ausstopfen. Noch besser ist es, den Schuh am Fuß des Trägers trocknen zu lassen.

SCHWANZ
Mit Rohweiß 2 Pompons mit 4 cm Durchmesser wickeln. Schwanz erst nach dem Verfilzen 2 cm unterhalb der Kante an der Rückseite des Schuhs annähen.

ZU GUTER LETZT
Zur Sicherheit die Sohle mit flüssigem Silikon, z.B. »Stop & Go Latexmilch« von Lana Grossa (im Wollfachhandel erhältlich) beträufeln, um so einen »Stopper-Socken-Anti-Rutsch-Effekt« zu erzielen.

Gute Nacht Fuchs und Hase!

Puschen Fuchs

VARIANTE FUCHS

1 Paar Hausschuhe nach der Grundanleitung auf Seite 140–141 anfertigen. Abweichend im Streifenmuster stricken wie unten beschrieben.

MASCHENANSCHLAG

In Rohweiß die benötigte Maschenzahl anschlagen und nach einer Rückr weiter im Streifenmuster stricken.

STREIFENMUSTER

6 R/Rd Cognac und 1 R/Rd Rohweiß im Wechsel arbeiten.

SPITZE

Ab Beginn der Spitze nach Einstrickmuster »Fuchs« stricken. Das Zählmuster benötigt eine M-Anzahl teilbar durch 6. Bei weniger oder mehr M (je nach Größe) vor der Spitze die fehlenden M zunehmen oder abnehmen, direkt danach wieder abnehmen oder zunehmen. 1 x die 1.–5. Rd stricken. Ab der 6. Rd weiter glatt rechts in Rohweiß arbeiten.

OHREN

4 gleiche Ohren arbeiten. Hierzu in Cognac 7 M anschlagen und nach einer Rückr 4 R glatt rechts stricken. Weiter in allen R immer am Anfang der R 2 M rechts zusammenstricken, bis nur noch 3 M auf der Nadel sind. Faden abschneiden und durch die verbleibenden M ziehen. Ohren am Ansatz leicht nach innen falten und auf dem Schuh annähen.

NASE

Mit Schwarz im Plattstich über der Spitze des Schuhs eine kleine Nase aufsticken.

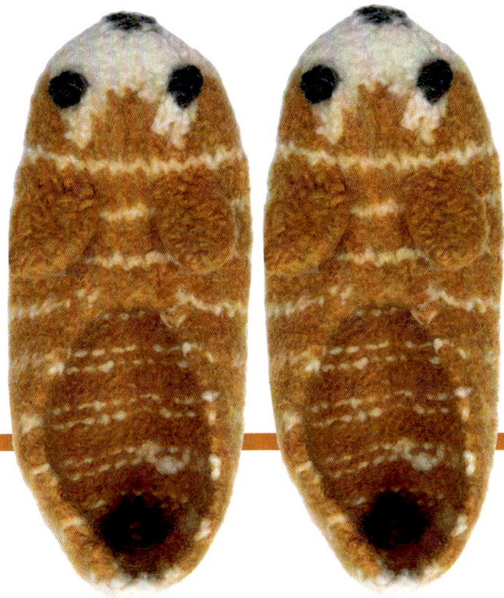

AUGEN

4 gleiche Augen arbeiten. Hierzu mit Schwarz mithilfe einer dicken Stopfnadel einen großen Knoten bilden und diesen durch mehrmaliges Hineinstechen verdicken, bis eine ca. 1 cm dicke Kugel entstanden ist. Augen an der Spitze der Zacken im weißen Gesichtsfeld annähen.

KONFEKTIONIEREN

Hintere Naht im Maschenstich schließen.

VERFILZEN

Alle Fäden vernähen und die Schuhe nach Anleitung verfilzen (siehe Seite 6–7). Danach in Form ziehen und zum Trocknen mit Zeitungspapier ausstopfen. Noch besser ist es, den Schuh am Fuß des Trägers trocknen zu lassen.

ZU GUTER LETZT

Zur Sicherheit die Sohle mit flüssigem Silikon, z.B. »Stop & Go Latexmilch« von Lana Grossa (im Wollfachhandel erhältlich) beträufeln, um so einen »Stopper-Socken-Anti-Rutsch-Effekt« zu erzielen.

Zählmuster Fuchs

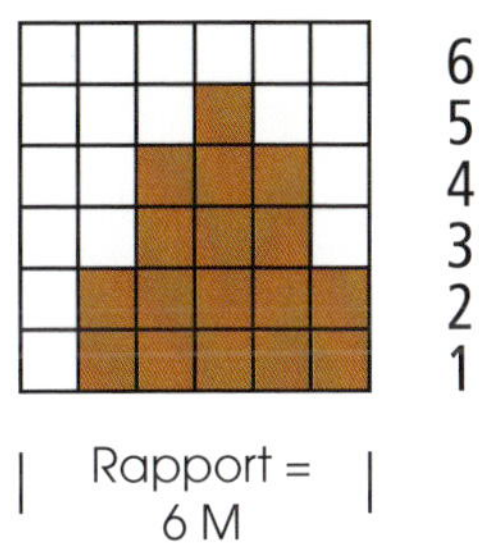

Zeichenerklärung:

- ■ = 1 M und 1 Rd in Cognac
- □ = 1 M und 1 Rd in Rohweiß

Glücks*käfer*

Kleine Krabbelkäfer sorgen für gute Laune und helfen gleich auch noch beim Zählen lernen.

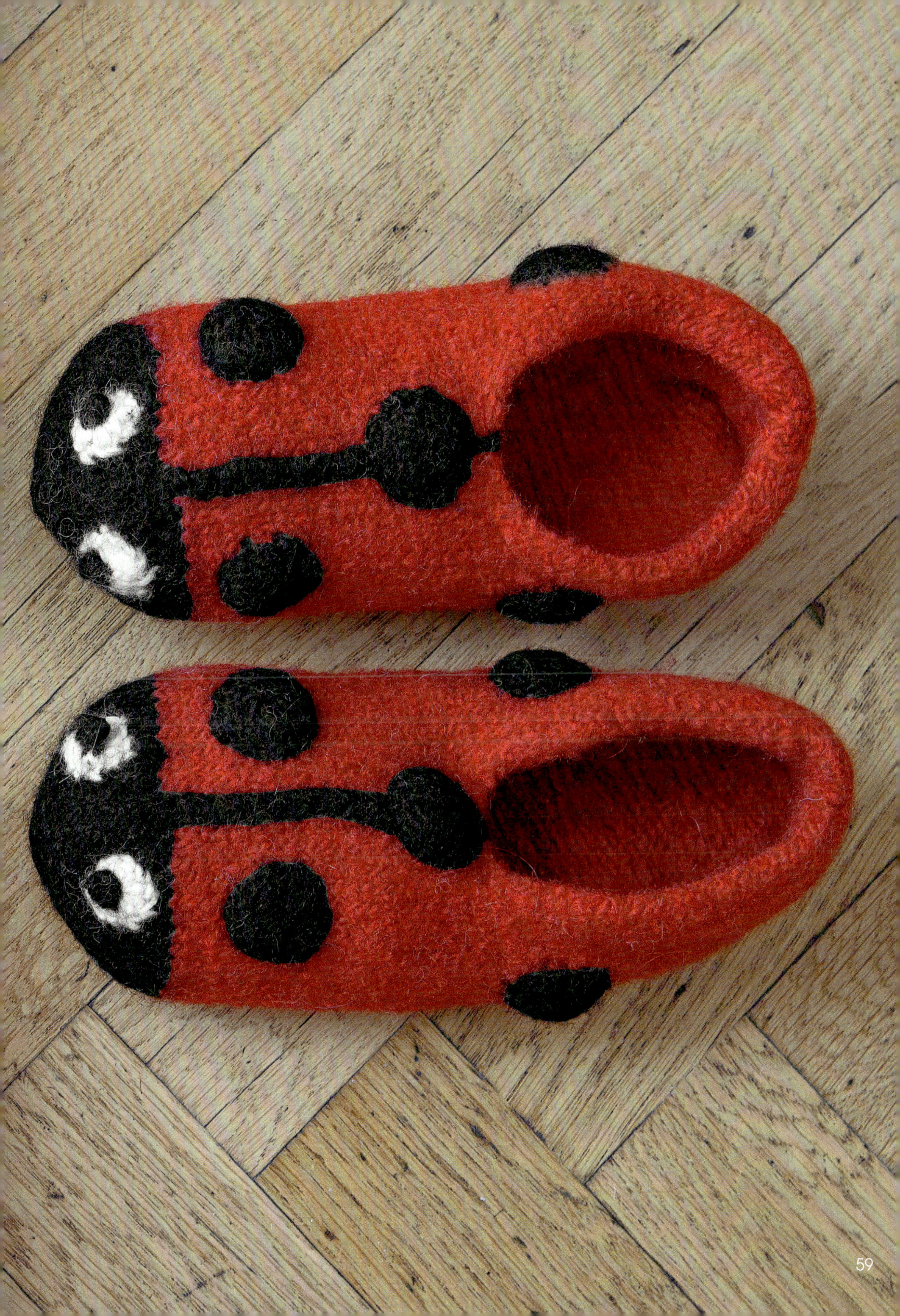

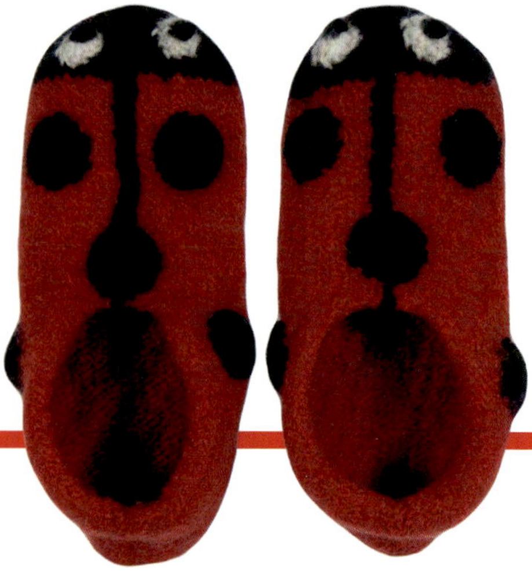

GRÖSSE

Beispielhaft für Größe 38, weitere Größen siehe Tabelle Seite 142–143.

MATERIAL

Lana Grossa **Feltro** (100 % Wolle; Lauflänge 90 m/50 g), Verbrauch je nach Schuhgröße (siehe Tabelle Seite 142–143); für Größe 38 z. B. **100 g** Rot **(Fb 7)**, **50 g** Schwarz **(Fb 6)**, Garnrest in Rohweiß **(Fb 1)** zum Besticken; Nadelspiel Nr. 5; Häkelnadel Nr. 4,5; Sticknadel mit stumpfer Spitze

MASCHENPROBE

Mit Nadeln Nr. 5 glatt rechts gestrickt und vor dem Waschen gemessen, ergeben 15 M und 20 R = 10 x 10 cm.

MUSTER

Glatt rechts

In Hinr rechte M, in Rückr linke M stricken. In Rd nur rechte M stricken.

Glücks käfer

Hausschuhe Marienkäfer

ANLEITUNG

Hinweis: Die Angaben in dieser Beschreibung beziehen sich auf die Feltro-Tabelle (siehe Seite 142–143). Die Spalten sind mit A bis J bezeichnet. In den Spalten wählen Sie die Angaben passend zur Schuhgröße in der entsprechenden Spalte.
1 Paar Hausschuhe nach der Grundanleitung auf Seite 140–141 anfertigen.

MASCHENANSCHLAG

30 M (bzw. Maschenzahl wie in Zeile A angegeben) in Rot anschlagen und eine Rückr linke M stricken. Den Anschlagsfaden lang hängenlassen und später zum Zusammennähen verwenden.

SPITZE

Abweichend zur Grundanleitung die Spitze in Schwarz stricken.

KONFEKTIONIEREN

Mittig auf dem Fuß eine schwarze Linie aus Km einhäkeln. Sie beginnt am Übergang von schwarzer Spitze zu rotem Fuß.
Für die Punkte in einen Fadenring beginnend mit 3 Lm 11 Stb häkeln und mit 1 Km zur Rd schließen. Den Faden lang abschneiden und zum Aufnähen benutzen. Pro Schuh 5 Punkte häkeln und verteilt auf den Schuh nähen.
Auf die schwarze Spitze 2 Augen in Rohweiß sticken. In die Mitte eine kleine schwarze Pupille einsticken.
Hintere Naht im Maschenstich schließen.

ZU GUTER LETZT

Alle Fäden vernähen und die Schuhe nach Anleitung verfilzen (siehe Seite 6–7). Danach in Form ziehen und zum Trocknen mit Zeitungspapier ausstopfen. Noch besser ist es, den Schuh am Fuß des Trägers trocknen zu lassen.

Familien *treffen*

Filzhausschuhe strickt man nach der Grundtabelle ganz easy von miniklein bis riesengroß. Einfach die entsprechende Schuhgröße aus der Tabelle suchen, Maschenzahl anschlagen und los geht's. Bestens geeignet sind Garne, bei denen das Streifenmuster gleich aus dem Knäuel kommt. Das geht dann so fix und macht so großen Spaß, dass die Nachbarsfamilie gleich mitversorgt werden kann.

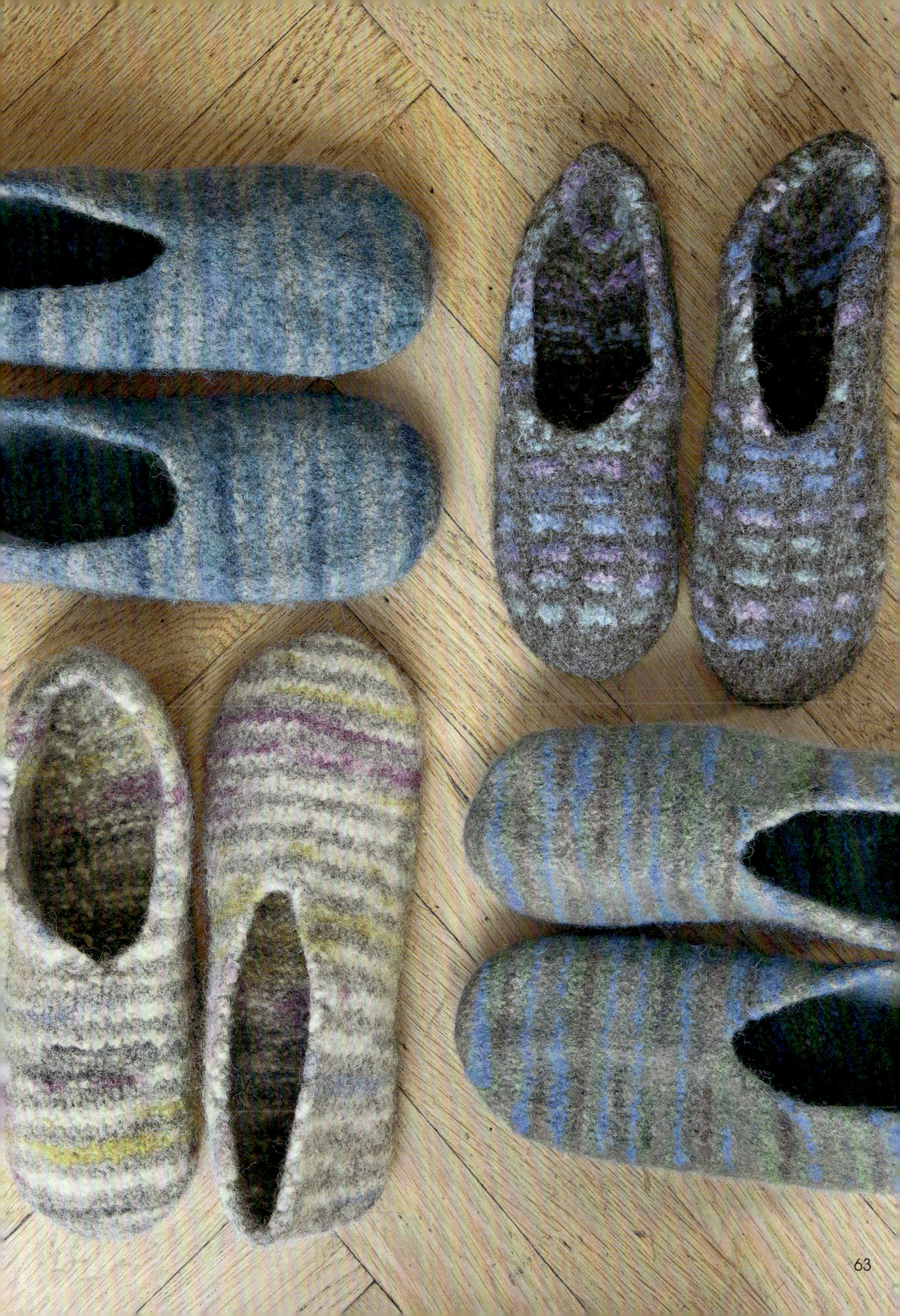

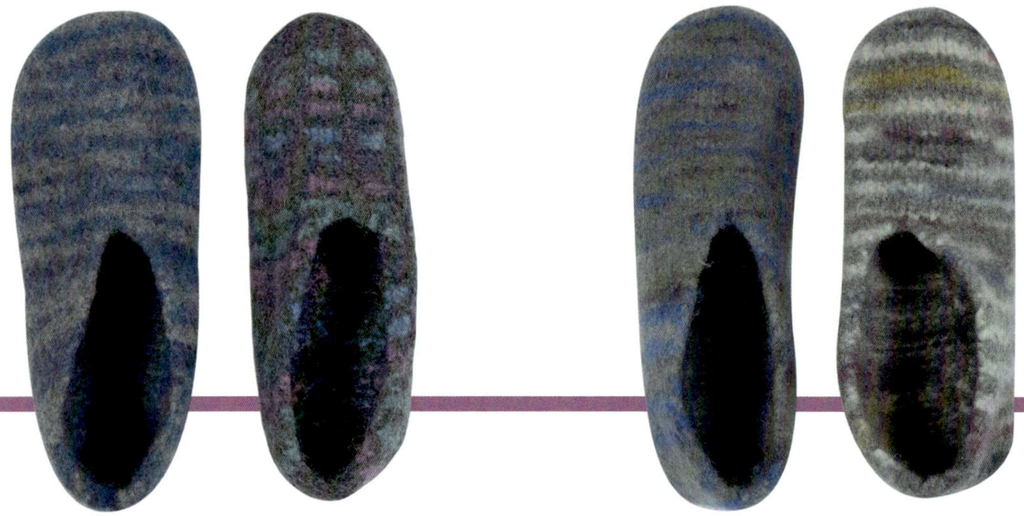

GRÖSSE

Siehe Tabelle Seite 142-143.

MATERIAL

Für alle Modelle variiert der Verbrauch je nach Schuhgröße.

Variante A

Lana Grossa **Feltro Color Mélange** (100 % Wolle; Lauflänge 50 m/50 g) in Hellblau/Türkis/Marine/Grau **(Fb 1015)**

Variante B

Lana Grossa **Feltro** (100 % Wolle; Lauflänge 50 m/50 g) in Rauchblau **(Fb 73)** und Lana Grossa **Feltro Print** (100 % Wolle; Lauflänge 50 m/50 g) in Nachtblau/Flieder/Hellblau/Mint **(Fb 385)**; Verbrauch je nach Größe zu gleichen Teilen Feltro Print und Feltro

Variante C

Lana Grossa **Feltro Print** (100 % Wolle; Lauflänge 50 m/50 g) in Hellgrau/Khaki/Graublau/Tinte **(Fb 382)**

Variante D

Lana Grossa **Feltro Snow** (100 % Wolle; Lauflänge 50 m/50 g) in Rohweiß/Graugrün/-blau/Kiwi/Rot/Hell-/Dunkelgrau **(Fb 456)**

Nadelspiel Nr. 7

MASCHENPROBE

Mit Nadeln Nr. 7 glatt rechts gestrickt und vor dem Waschen gemessen, ergeben 11 M und 15 R = 10 x 10 cm.

MUSTER

Glatt rechts (Variante A, C und D)

In Hinr rechte M, in Rückr linke M stricken. In Rd nur rechte M stricken.

Hebemaschenmuster (Variante B)

In Rd: Siehe Schema. Maschenzahl teilbar durch 4. Die 1.–4. Rd wiederholen.

In R: Siehe Schema. Maschenzahl teilbar durch 4 + 2 M. Die 1.–4. Rd wiederholen.

Die 1. und letzte M der R sind die Randm und werden immer in der Farbe der jeweiligen R gestrickt. Die ungeraden R bilden die Hinr, die geraden R die Rückr. Lässt sich bedingt durch die Größe die Maschenzahl nicht teilen, werden die überzähligen M am Anfang der R nach der Randm und am Ende der R vor der Randm in Farbe 1 gestrickt.

In Rd werden die M als erste M bzw. letzte M der Rd in Rauchblau gestrickt.

Farbe 1 = Rauchblau, Farbe 2 = Feltro Print in Fb 385.

Familien *treffen*

Pantoffeln in vier Varianten

ANLEITUNG

Hinweis: Die Angaben in dieser Beschreibung beziehen sich auf die Tabelle (siehe Seite 142–143). Die Zeilen sind mit A bis J bezeichnet. In den Spalten wählen Sie die Angaben passend zur Schuhgröße.

1 Paar Hausschuhe nach der Grundanleitung auf Seite 140–141 anfertigen.

Variante A, C und D sind durchgängig mit einer Farbe und glatt rechts gestrickt.

Variante B wird im Hebemaschenmuster gestrickt. Maschenanschlag in Rauchblau. 1 Rückr linke M und 2 R glatt rechts stricken. Danach mit dem Hebemaschenmuster nach Strickschrift arbeiten. Der ganze Schuh wird im Muster gestrickt, die Spitze in Rauchblau ohne Muster.

ZU GUTER LETZT

Alle Fäden vernähen und die Schuhe nach Anleitung verfilzen (siehe Seite 6–7). Danach in Form ziehen und zum Trocknen mit Zeitungspapier ausstopfen. Noch besser ist es, den Schuh am Fuß des Trägers trocknen zu lassen.

Zur Sicherheit die Sohle mit flüssigem Silikon »Stop & Go« von Lana Grossa (im Woll-Fachhandel erhältlich) beträufeln, um so einen »Stopper-Socken-Anti-Rutsch-Effekt« zu erzielen.

Zeichenerklärung:

- ■ = Rechte M
- − = Linke M
- ◖I = 1 M wie zum Rechtsstricken abheben, dabei den Faden hinter der Arbeit führen
- ID = 1 M wie zum Linksstricken abheben, dabei den Faden vor der Arbeit führen

Kleines Karo im Hebemaschemuster

4. R in Farbe 2	−	−	ID	−	
	■	■	◖I	■	3. R in Farbe 2
2. R in Farbe 1	−	−	−	−	
	■	■	■	■	1. R in Farbe 1

In Reihen: Maschenzahl teilbar durch 4. Die Hinr bilden die ungeraden R, die Rückr die geraden R. Die 1.–4. R wiederholen.

				Runde
■	■	◖I	■	4. Rd in Farbe 2
■	■	◖I	■	3. Rd in Farbe 2
■	■	■	■	2. Rd in Farbe 1
■	■	■	■	1. Rd in Farbe 1

In Runden: Maschenzahl teilbar durch 4. Die 1.–4. R wiederholen.

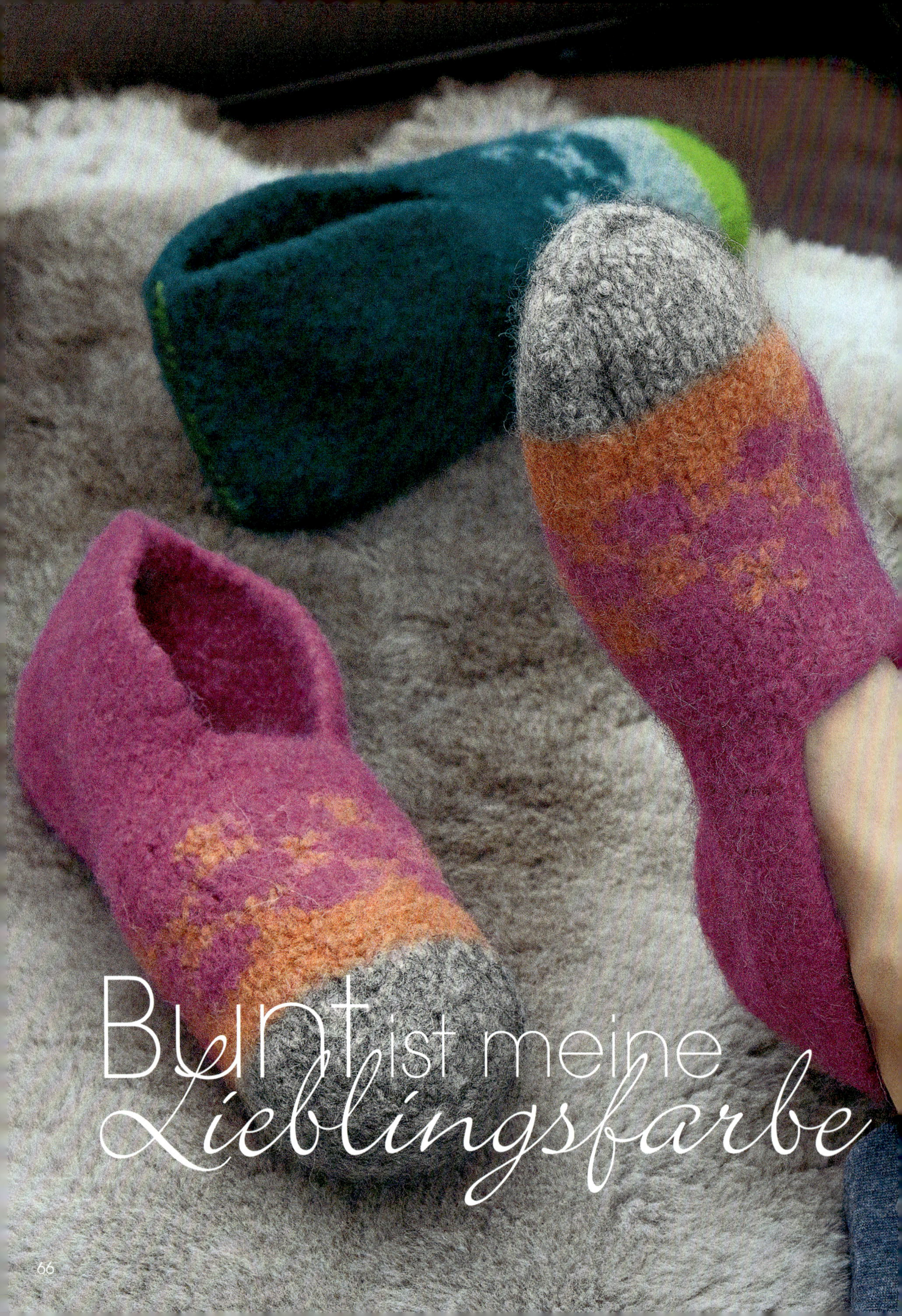

Bunt ist meine *Lieblingsfarbe*

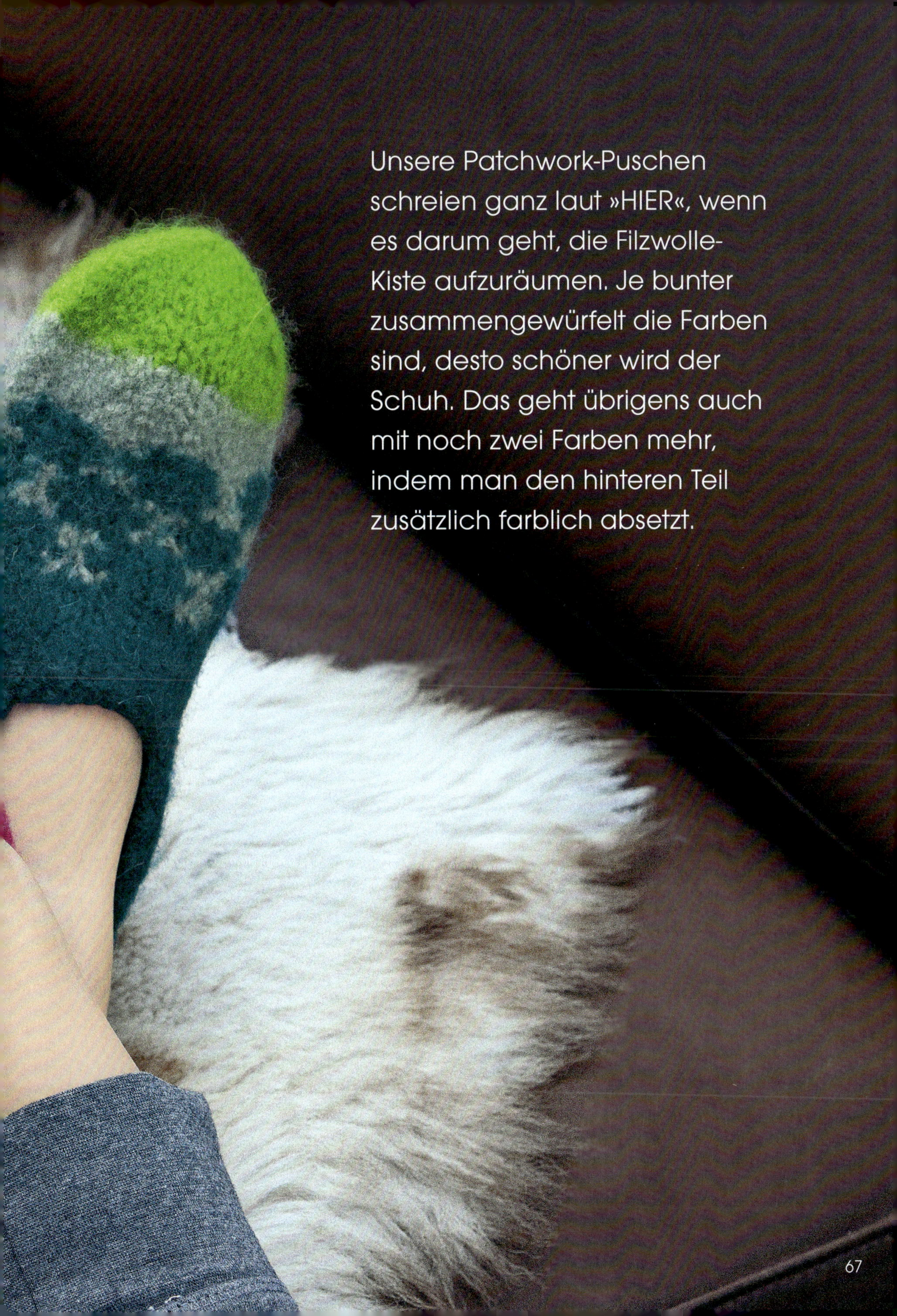

Unsere Patchwork-Puschen schreien ganz laut »HIER«, wenn es darum geht, die Filzwolle-Kiste aufzuräumen. Je bunter zusammengewürfelt die Farben sind, desto schöner wird der Schuh. Das geht übrigens auch mit noch zwei Farben mehr, indem man den hinteren Teil zusätzlich farblich absetzt.

Bunt ist meine Lieblingsfarbe

Hausschuhe mit eingestricktem Muster

GRÖSSE

Schuhgröße 39–41

MATERIAL

Variante 1

Lana Grossa **Feltro** (100 % Wolle; Lauflänge 50 m/50 g) **100 g** in Pink **(Fb 38)** und **je 50 g** in Lachs **(Fb 83)** und Grau meliert **(Fb 3)**

Variante 2

Lana Grossa **Feltro** (100 % Wolle; Lauflänge 50 m/50 g) **100 g** in Petrolgrün **(Fb 31)** und **je 50 g** in Minttürkis **(Fb 85)** und Grasgrün **(Fb 11)**

Stricknadeln Nr. 7 und Nadelspiel Nr. 7

MASCHENPROBE

Mit Nadeln Nr. 7 glatt rechts gestrickt und vor dem Waschen gemessen, ergeben 11 M und 15 R = 10 x 10 cm.

MUSTER

Glatt rechts (Variante A, C und D)

In Hinr rechte M, in Rückr linke M stricken. In Rd nur rechte M stricken.

Einstrickmuster

Siehe Schema. In Rd stricken. Maschenzahl teilbar durch 6 M. Jedes Kästchen stellt 1 M und 1 Rd dar.

Randmasche

Knötchenrand: Die erste und letzte M jeder R rechts stricken.

ANLEITUNG

Hinweis: Die Farbgebung für Variante A ist vor der Klammer, die für Variante B in der Klammer angegeben.

FERSE

In Pink (Petrolgrün) 32 M anschlagen und eine Rückr linke M stricken, danach 32 R glatt rechts arbeiten.
In der 27. und 29. R die dritte und vierte M sowie die dritt- und viertletzte M rechts zusammenstricken (= 28 M).
Am Ende der 32. R 5 M zusätzlich aufnehmen (= 33 M).

Pink-Lachs

Runden	6	5	4	3	2	1
6	o	o	o	#	#	#
5	#	o	#	#	#	#
4	o	o	o	#	#	#
3	#	#	#	o	o	o
2	#	#	#	#	o	#
1	#	#	#	o	o	o

Maschen

# = Pink (Fb 38)
o = Lachs (Fb 83)

Petrolgrün-Minttürkis

Runden	6	5	4	3	2	1
6	x	x	x	*	*	*
5	*	x	*	*	*	*
4	x	x	x	*	*	*
3	*	*	*	x	x	x
2	*	*	*	*	x	*
1	*	*	*	x	x	x

Maschen

* = Petrolgrün (Fb 31)
x = Minttürkis (Fb 85)

FUSS

Die M zur Rd schließen und so auf ein Nadelspiel verteilen, dass die aufgenommenen M plus rechts und links davon je 6 M (= 17) M auf einer 1. Nadel liegen und je 8 M auf einer 2. und 3. Nadel.
Zunächst die M der 1. Nadel abstricken und den Rundenübergang zwischen der 1. und 2. Nadel markieren.

1.–3. Rd: Glatt rechts stricken, dabei die aufgestrickten M mit 1 M links, 1 M rechts, 1 M links, 1 M rechts, 1 M links abstricken.

4. Rd: Im glatt rechts gestrickten Bereich verteilt 3 M zunehmen, indem M aus dem Querfaden aufgenommen werden (= 36 M).

5.–9. Rd: Glatt rechts stricken.

10.–18. Rd: Nach Zählmuster arbeiten und Muster in Lachs (Minttürkis) einarbeiten. Hierzu 1 x die 1.–6. Rd und noch 1 x die 1.–3 Rd stricken. Die nicht benötigte Farbe locker an der Rückseite mitführen.

19. Rd: Pink (Petrolgrün) abschneiden und weiter in Lachs (Minttürkis) stricken. Verteilt 2 M rechts zusammenstricken (= 34 M).

20.–23. Rd: Glatt rechts in Lachs (Minttürkis).

24.–27. Rd: Glatt rechts in Grau meliert (Grasgrün).

28.–33. Rd: Die Spitze arbeiten.

SPITZE

Die M auf 4 Nadeln verteilen (8/9/8/9 M). Für die Rundung auf der 1. und 3. Nadel die zweite und dritte M rechts zusammenstricken, auf der 2. und 4. Nadel die drittletzte und vorletzte M rechts zusammenstricken. Diesen Vorgang insgesamt 6 x ausführen. Danach die verbleibenden 10 M abketten und die Arbeit beenden.

ZU GUTER LETZT

Die Anschlagkante zur Hälfte gegeneinander legen und so die Fersennaht von rechts mit Hellgrau (Grasgrün) im Überwendlichstich sichtbar schließen.
Die Spitze im Maschenstich in Hellgrau (Grasgrün) schließen.
Alle Fäden vernähen. Die Tasche nach Anleitung verfilzen (siehe Seite 6–7), jedoch abweichend 60 Grad einstellen.

Die süßen Punkte-Schlappen sind etwas aufwendiger, da man erst stricken und verfilzen muss, dann die Sohle klebt und das Oberteil an die Sohle nähen muss. Dafür aber ein ganz besonderes Geschenk, mit dem man bei Schwiegermutter garantiert Pluspunkte sammelt.

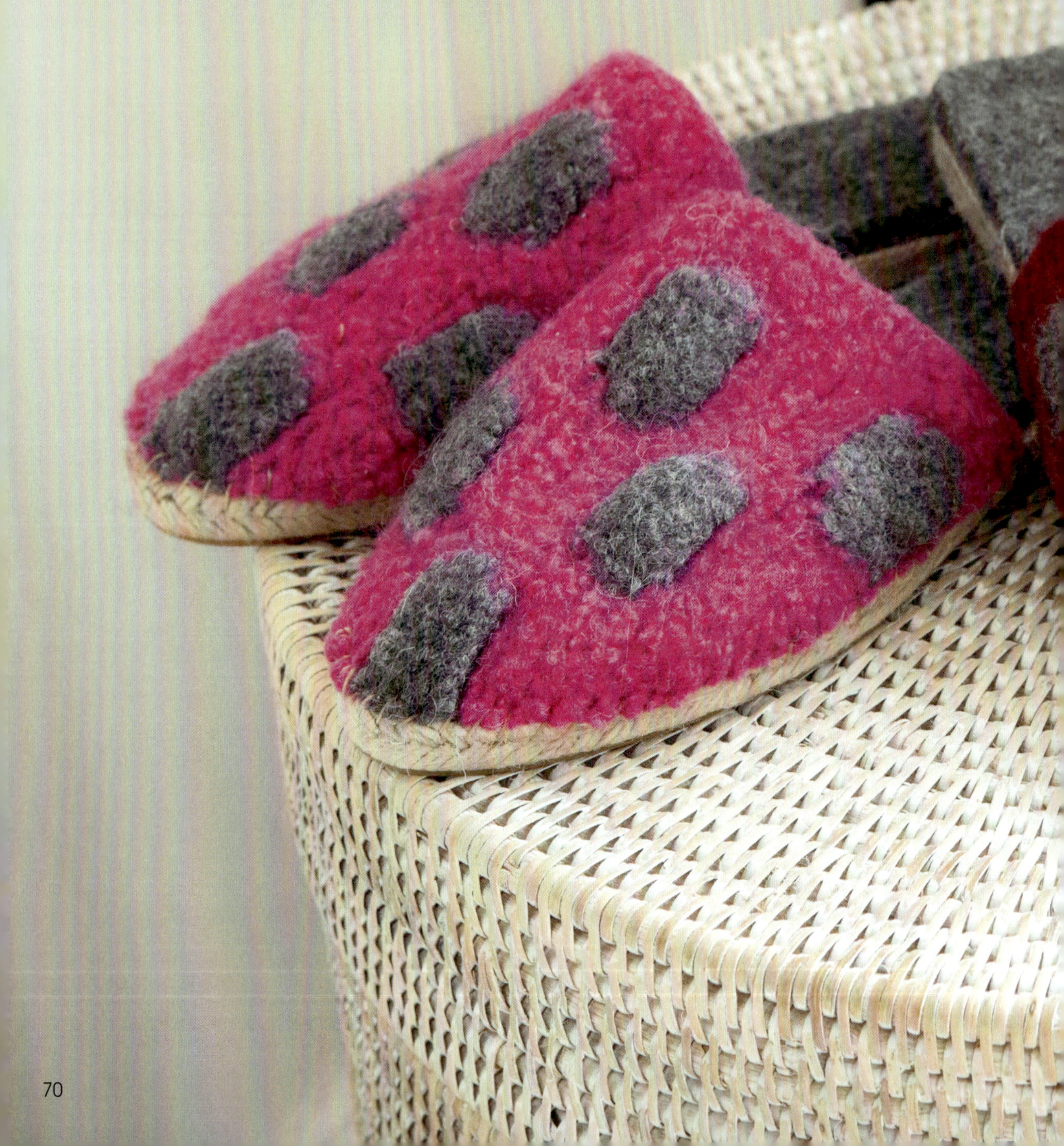

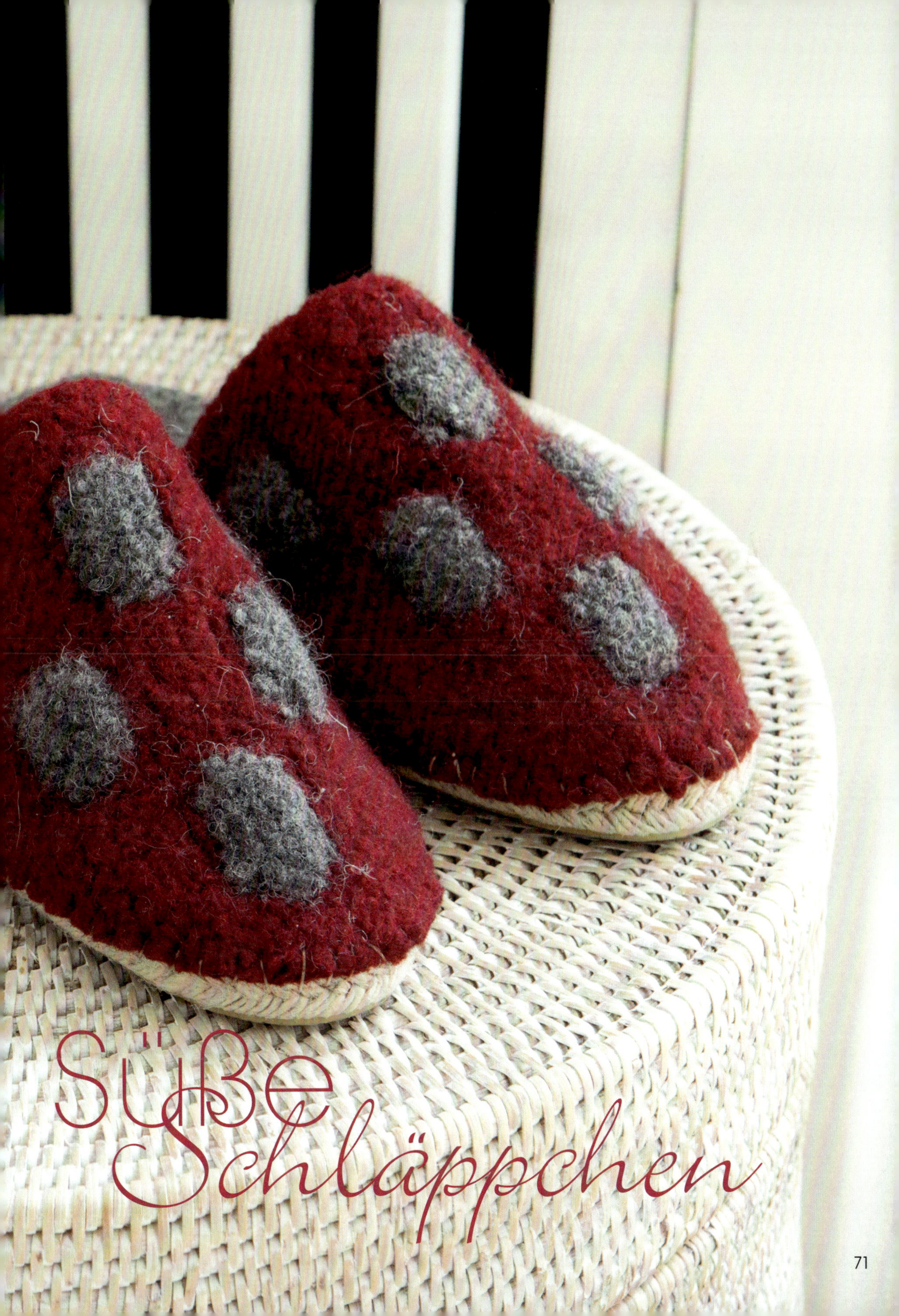

Süße Schläppchen

Süße Schläppchen

Pantoffeln mit Punkten

GRÖSSE
Je nach Schuhgröße 38–44.
Sohlenstoff vor dem Filzen: 46 x 50 cm (Breite x Höhe). Sohlenstoff nach dem Filzen: 32 x 32 cm (Breite x Höhe).

MATERIAL
Lana Grossa **Feltro** (100 % Wolle; Lauflänge 50 m/50 g) **200 g** in Dunkelgrau meliert **(Fb 04)**, **100 g** in Bordeaux **(Fb 15)** oder Pink **(Fb 38)**; Stricknadeln Nr. 7 und 9; Espadrilles-Sohlen, Art. 975 104 von Prym; Sekundenkleber oder Heißkleber

MASCHENPROBE
Mit Nadeln Nr. 9 glatt rechts gestrickt und vor dem Waschen gemessen, ergeben 9,5 M und 13,5 R = 10 x 10 cm.

MUSTER
Glatt rechts
In Hinr rechte M, in Rückr linke M stricken.

Perlmuster
1 M rechts und 1 M links im Wechsel, die M in jeder R versetzen.

Randmasche
Glatter Rand: Die erste M jeder R abheben, die letzte M jeder R stricken.

ANLEITUNG

SOHLEN
Mit Nadeln Nr. 9 insgesamt 44 M anschlagen und 50 cm glatt rechts stricken. Die M abketten.

PANTOFFEL-OBERTEILE
Zwei identische Oberteile stricken.
Mit Nadeln Nr. 7 in Bordeaux oder Pink 30 M anschlagen und 3 R im Perlmuster stricken. Weiter nach Zählmuster »Polka-Dot« arbeiten und 1 x die 1.–36. R stricken. Für beide Farbvarianten die Punkte in Dunkelgrau meliert einstricken und für jeden Punkt ein eigenes kleines Knäuel verwenden.
Dann alle M abketten.

Zählmuster »Polka Dot«

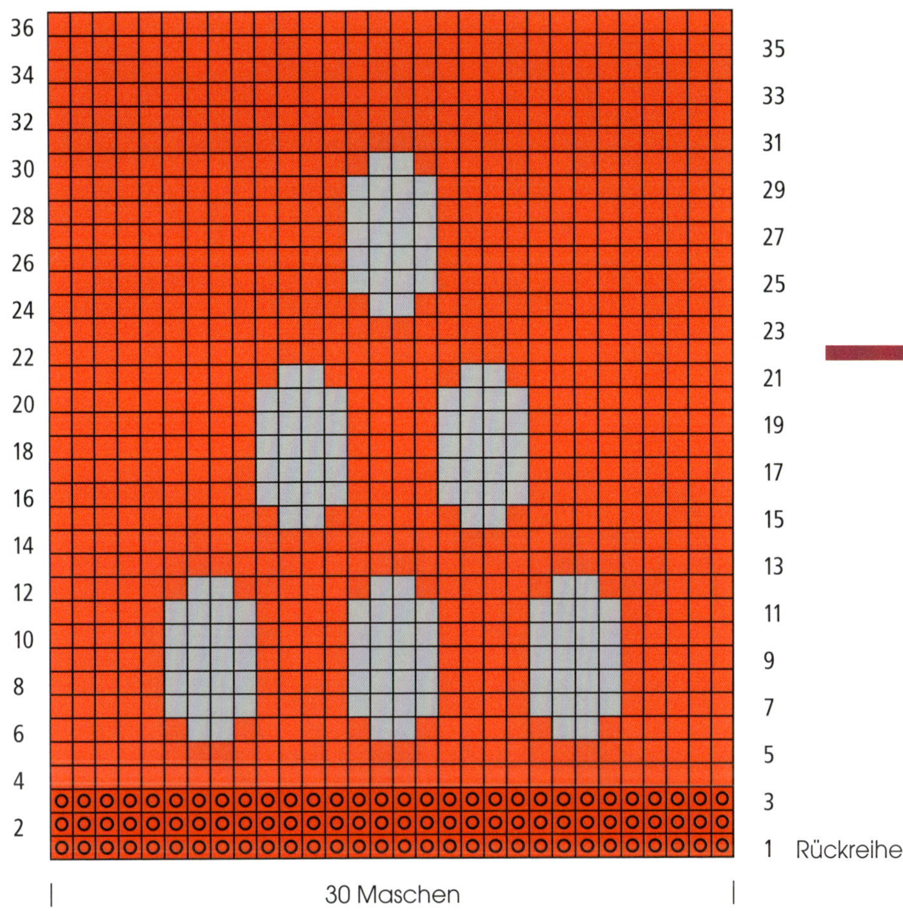

Zeichenerklärung:

- ◙ = 1 M und 1 R im Perlmuster in Bordeaux (Pink)
- ■ = 1 M und 1 R glatt rechts in Bordeaux (Pink)
- □ = 1 M und 1 R glatt rechts in Dunkelgrau meliert

ZU GUTER LETZT

Alle Teile nach Anleitung verfilzen (siehe Seite 6–7). Nach dem Waschen in Form ziehen und liegend trocknen lassen.

Aus dem Dunkelgrau melierten verfilzten Stück den Umriss der Sohlen zuschneiden. Espadrilles-Sohlen mit einem gut heftenden Textilkleber bestreichen und die zugeschnittenen Sohlen passgenau darauflegen. Fest andrücken und mit Büchern beschweren.

Aus den beiden gepunkteten verfilzten Rechtecken die Oberteile der Schuhe zuschneiden. Dafür die den Sohlen beigelegte Schablone benutzen. Die passende Schuhgröße auswählen. Die zum Fuß zeigende Kante ist die Kante mit Perlmuster und bildet den Abschluss. An der Rundung ca. 1 cm für die Naht zugeben und das Oberteil zuschneiden. Mit einem doppelten Zwirn an die Espadrilles-Sohle nähen.

Warm, *wärmer*, am wärmsten

Spießige Hüttenschuhe waren gestern. Heute lieben wir die kunterbunten Puschen mit angestrickten Stulpen. Damit überlebt man garantiert jeden noch so kalten Winter und sieht dabei auch noch aus wie aus dem Modemagazin entsprungen.

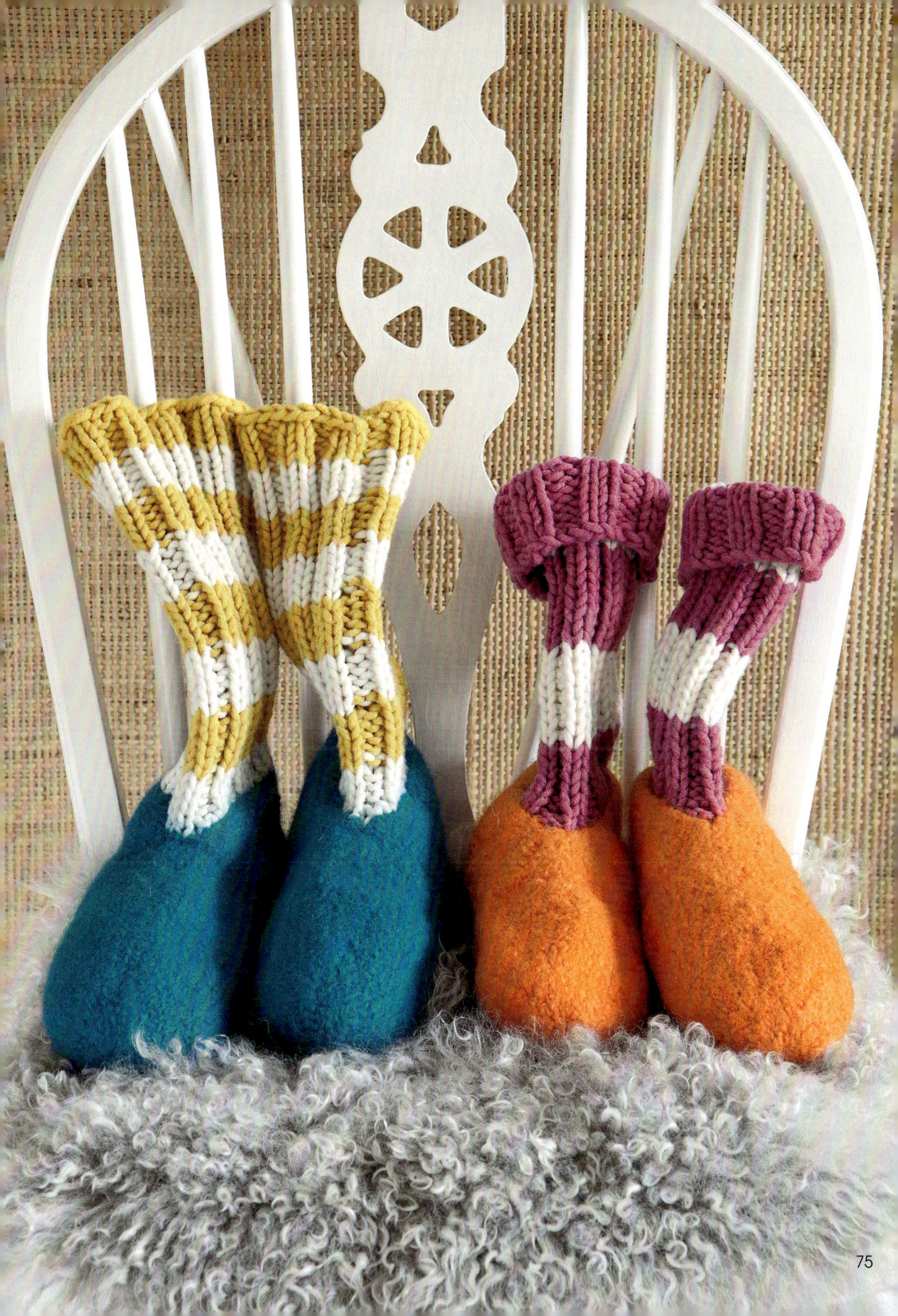

Warm, *wärmer,* am wärmsten

Bunte Hüttenschuhe

GRÖSSE

Siehe Tabelle Seite 142–143.

MATERIAL

Lana Grossa **Feltro** (100 % Wolle; Lauflänge 50 m/50 g), Verbrauch siehe Tabelle Seite 142–143. Verwendete Farben: Türkisblau **(Fb 42)** oder Mandarin **(Fb 80)**; Lana Grossa **Mille II** (50 % Schurwolle Merino, 50 % Polyacryl; Lauflänge 55 m/50 g) **je 50 g** in Safrangelb **(Fb 130)** und Rohweiß **(Fb 17)** oder **je 50 g** in Pink **(Fb 26)** und Rohweiß **(Fb 17)**; Nadelspiel Nr. 7 und 5

MASCHENPROBE

Mit Nadeln Nr. 7 glatt rechts gestrickt und vor dem Waschen gemessen, ergeben 11 M und 15 R = 10 x 10 cm.

MUSTER

Glatt rechts

In Hinr rechte M, in Rückr linke M stricken. In Rd nur rechte M stricken.

Rippenmuster

In Rd 2 M rechts und 2 M links im Wechsel stricken.

Randmasche

Die erste und letzte M jeder R rechts stricken.

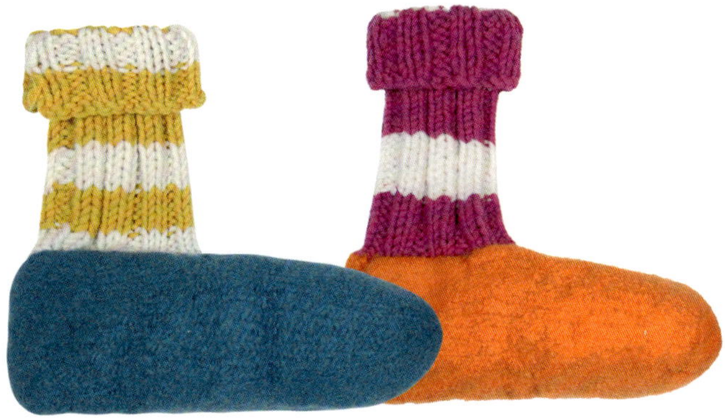

ANLEITUNG

Hinweis: Die Angaben in dieser Beschreibung beziehen sich auf die Tabelle (siehe Seite 142–143). Die Zeilen sind mit A bis J bezeichnet. In den Spalten wählen Sie die Angaben passend zur Schuhgröße. In Zeile J ist in cm angegeben, welche Länge der Schuh für die jeweilige Schuhgröße nach dem Filzen haben soll. Die Maße können je nach Waschmaschine abweichen und müssen eventuell angepasst werden, indem man das feuchte Strickstück in Form zieht.

Die Hausschuhe nach der Grundanleitung auf Seite 140-141 anfertigen.

KONFEKTIONIEREN

Die hintere Naht im Maschenstich schließen.

BÜNDCHEN

Für das Bündchen mit Nadeln Nr. 5 aus der Kante 24 M (bis Größe 35) bzw. 28 M (für Größe 36–41) bzw. 32 M (für Größe 42–46) auffassen, dabei darauf achten, dass die M auf beiden Seiten gleichmäßig verteilt sind. Die Abstände zwischen den M schließen sich, da beim Waschen der Schuh einschrumpft, das Bündchen aber seine Größe behält.

Für den Schuh in Türkis die M in Rohweiß auffassen, für den Schuh in Orange in Pink. Das Bündchen im Rippenmuster arbeiten und 4 x * 5 Rd Rohweiß und 5 Rd in Safrangelb* = 40 Rd stricken oder 2 x im Wechsel * 8 Rd in Pink und 8 Rd in Rohweiß* wiederholen und das Bündchen mit 8 Rd in Pink beenden = 40 Rd.

Danach alle M locker abketten.

ZU GUTER LETZT

Alle Fäden vernähen und die Schuhe nach Anleitung verfilzen (siehe Seite 6–7). Danach in Form ziehen und zum Trocknen mit Zeitungspapier ausstopfen. Noch besser ist es, den Schuh am Fuß des Trägers trocknen zu lassen.

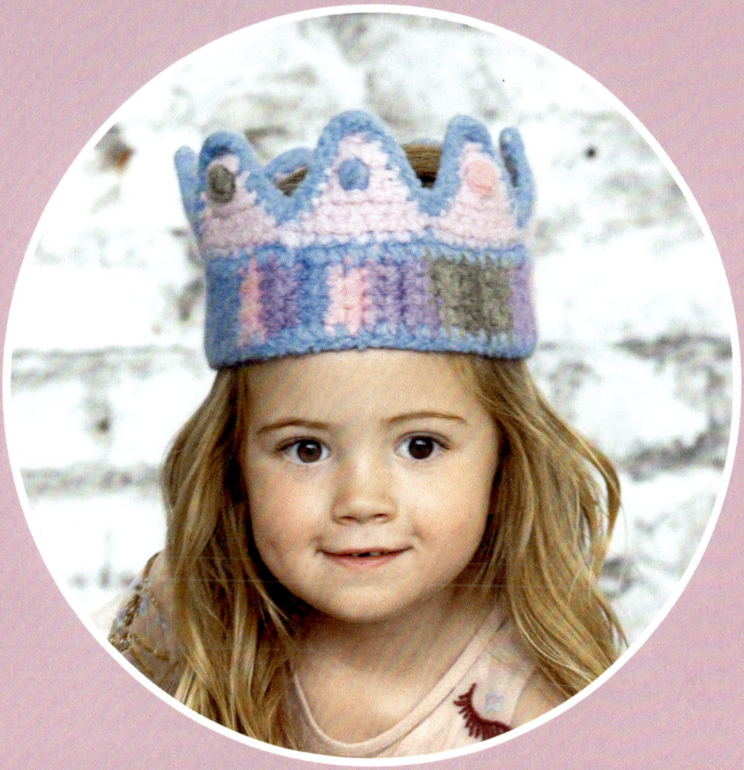

Kinder

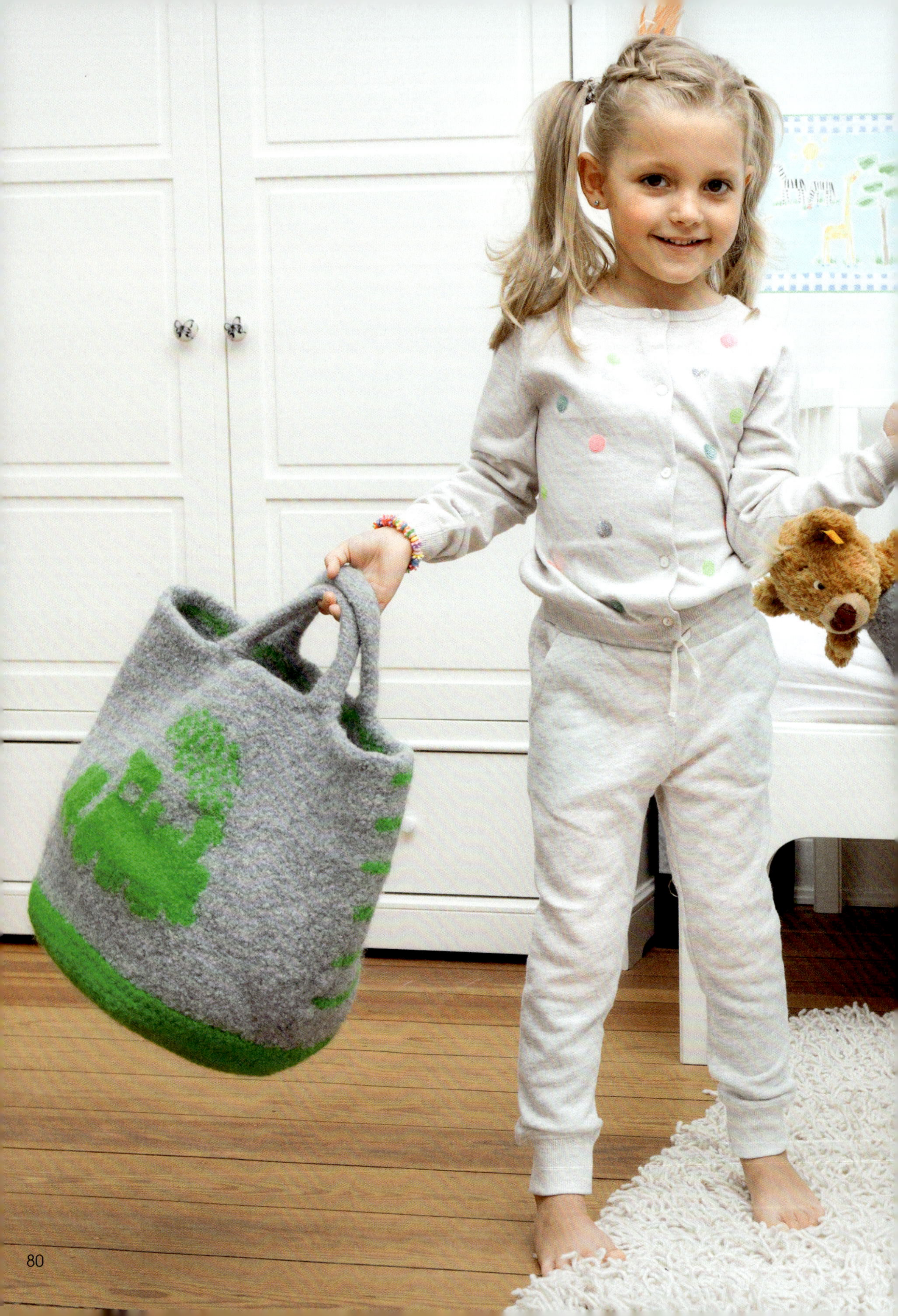

Ruck zuck aufgeräumt

So schnell ging das Kinderzimmer aufräumen noch nie. Lego, Lieblingspuppen und die Holzeisenbahn werden im Handumdrehen verstaut. Ein schöner Nebeneffekt: Für spontane Übernachtungen bei Oma hat man alles sofort griffbereit.

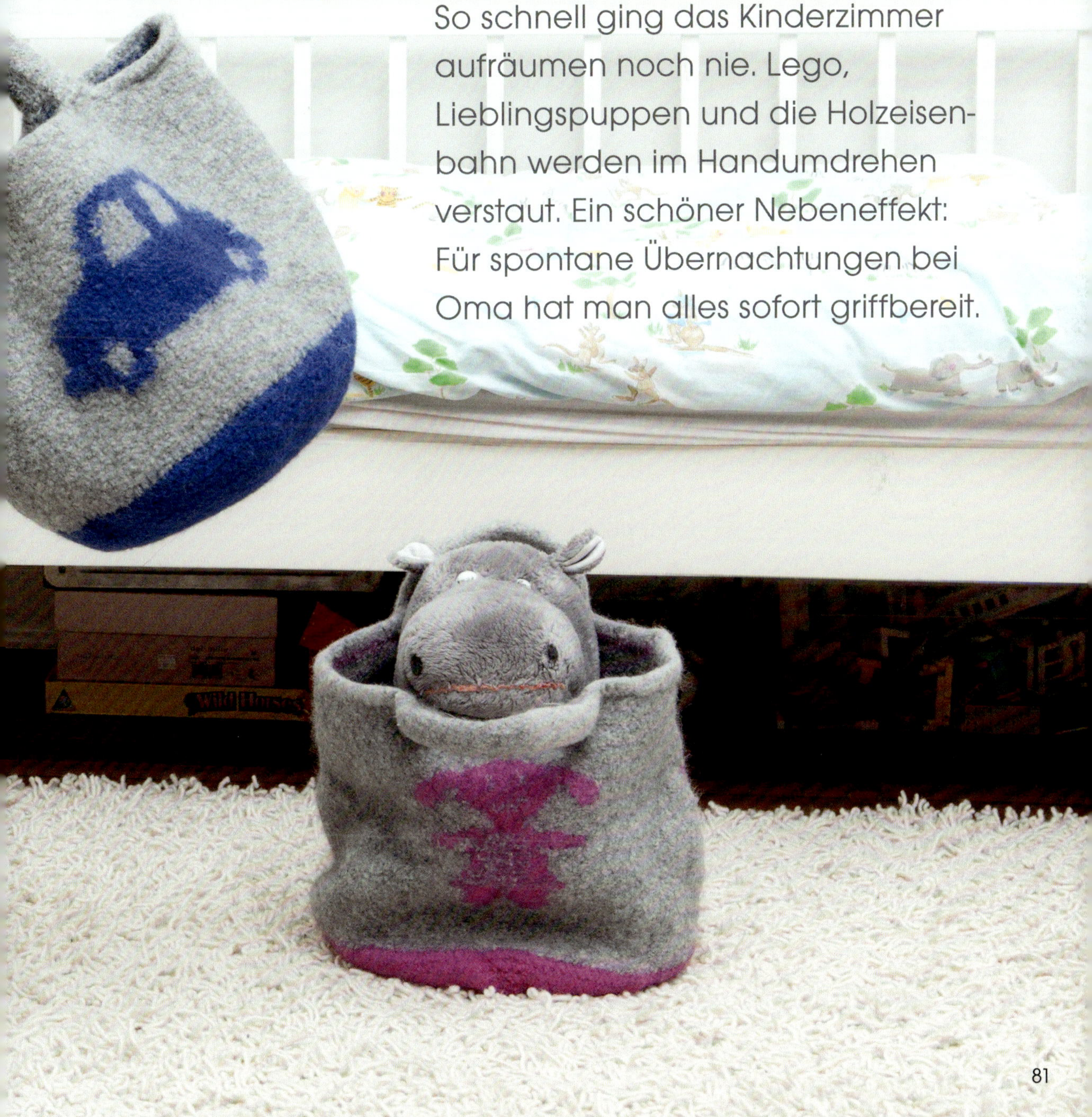

Ruck zuck *aufgeräumt*

Spieltaschen

GRÖSSE

Vor dem Filzen: Auto (Größe S): 43 x 96 cm (Höhe x Umfang). Lokomotive (Größe M): 47 x 104 cm (Höhe x Umfang). Puppe (Größe L): 51 x 112 cm (Höhe x Umfang). **Nach dem Filzen:** Auto (Größe S): 25 x 72 cm (Höhe x Umfang). Lokomotive (Größe M): 27 x 78 cm (Höhe x Umfang). Puppe (Größe L): 30 x 84 cm (Höhe x Umfang).
Die Maschen für Größe S stehen vor der Klammer, die für die Größen M und L stehen aufsteigend in den Klammern.

MATERIAL

Lana Grossa **Feltro** (100 % Wolle; Lauflänge 50 m/50 g) **300 (350/400) g** in Grau meliert **(Fb 03)**, für Größe S: **200 g** Royal **(Fb 26)**, für Größe M: **250 g** Giftgrün **(Fb 59)**, für Größe L: **300 g** Pink **(Fb 38)**; Häkelnadel Nr. 7, Stricknadeln Nr. 9, Nadelspiel Nr. 5

MASCHENPROBE

Mit Nadel Nr. 7 in fM gehäkelt und vor dem Waschen gemessen, ergeben 10 M und 11 Rd = 10 x 10 cm.

Mit Nadeln Nr. 9 glatt rechts gestrickt und vor dem Waschen gemessen, ergeben 9,5 M und 13,5 R = 10 x 10 cm.

MUSTER

Grundmuster Boden

Der Boden wird jeweils mit fM in Rd und in der Farbe des eingestrickten Motivs in Royal (Giftgrün/Pink) gehäkelt.

Glatt rechts

In Hinr rechte M, in Rückr linke M stricken. In Rd nur rechte M stricken.

Randmasche

Es wird ohne Randm gestrickt. Alle M mustergemäß stricken.

Farbfolge

8 R Grau meliert, 1 R Royal (Giftgrün/Pink). Faden jeweils abschneiden und neu ansetzen. Beim Stricken mit einer Rundstricknadel ist es auch möglich, den Faden seitlich mitzuführen und nach Streifen entweder 2 R links oder 2 R rechts nacheinander zu stricken, indem die Maschen wieder an das ursprüngliche Ende der Nadel geschoben werden.

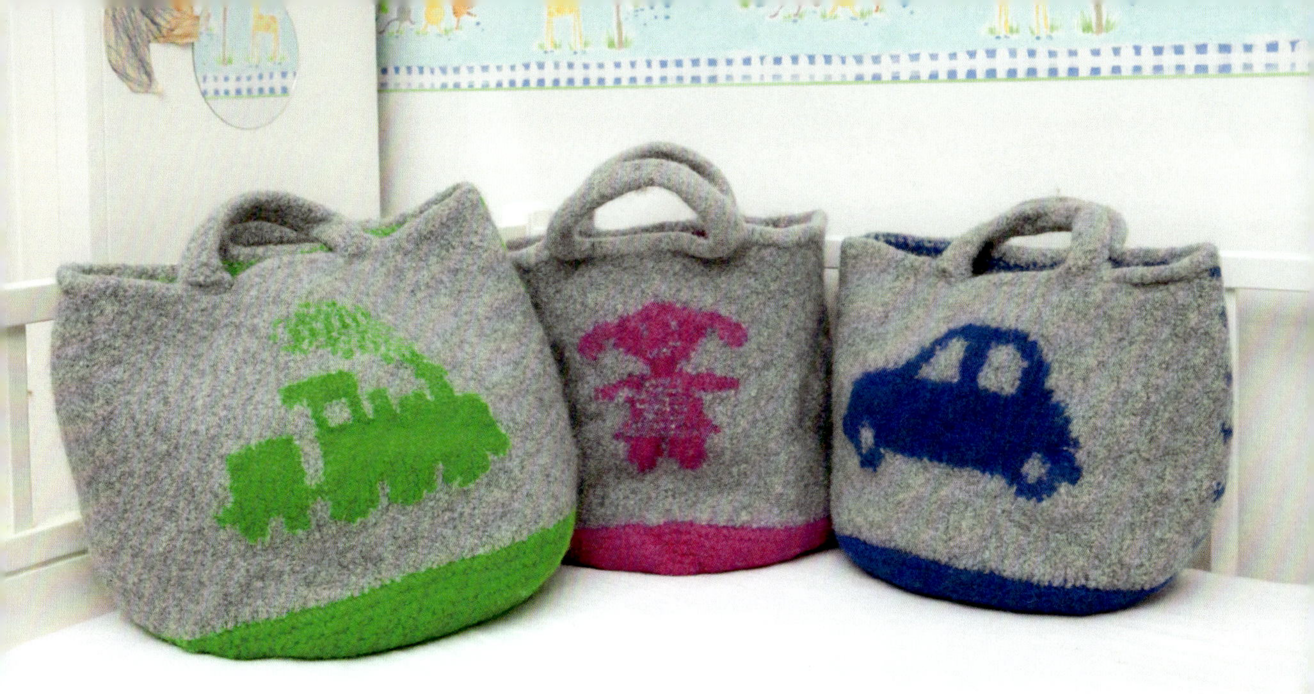

ANLEITUNG

TASCHENBODEN

In Royal (Giftgrün/Pink) in einen flexiblen Fadenring beginnend mit 2 Lm 11 fM häkeln und mit einer Km schließen. Ab der ersten Rd in Spiralrd häkeln und die Rd nicht schließen. Den Rd-Übergang mit einem Faden markieren. Zugenommen wird, indem in eine M 2 M gehäkelt werden, die M also verdoppelt wird. Es werden insgesamt 16 (19/22) Rd gehäkelt.

Größe S, M und L:

1. Rd: Jede M verdoppeln = 24 M.
2. Rd: 24 fM.
3. Rd: Jede 2. M verdoppeln = 36 fM.
4. Rd: 36 fM.
5. Rd: Jede 3. M verdoppeln = 48 fM.
6. Rd: 48 fM.
7. Rd: Jede 4. M verdoppeln = 60 fM.
8. Rd: 60 fM.
9. Rd: Jede 5. M verdoppeln = 72 fM.
10. Rd: 72 fM.
11. Rd: Jede 6. M verdoppeln = 84 fM.
12. Rd: 84 fM.
13. Rd: Jede 7. M verdoppeln = 96 fM.
14. Rd: 96 fM.
15. Rd: Jede 8. M verdoppeln = 108 fM.
16. Rd: Jede 26. M verdoppeln = 112 fM.

Für Größe S an dieser Stelle die Arbeit beenden.

Größe M und L:

17. Rd: 112 fM.
18. Rd: Jede 14.M verdoppeln = 120 fM.
19. Rd: 120 fM.

Für Größe M die Arbeit an dieser Stelle beenden.

Größe L:

20. Rd: Jede 15. M verdoppeln = 128 fM.
21. und 22. Rd: 128 fM häkeln.

Für Größe L die Arbeit an dieser Stelle beenden.

TASCHENVORDERSEITE

Für die Taschenvorderseite in Grau meliert mit Stricknadeln Nr. 9 aus 56 (60/64) fM ebenso viele M herausstricken und 1 Rückr linker M arbeiten, dabei zwischen der ersten und zweiten sowie der vorletzten und letzten M für die spätere Nahtzugabe jeweils 1 M aus dem Querfaden herausstricken = 58 (62/66) M.

Über 15 (11/13) R in Grau meliert stricken, dann weiter nach Zählmuster Auto (Lokomotive/Puppe) arbeiten und das Motiv mittig einstricken. Die mittlere Masche ist jeweils im Zählmuster gekennzeichnet. Beim Auto liegen 14 M vor und 15 M nach dem Motiv, bei der Puppe 20 M vor und 21 M nach dem Motiv und bei der Lokomotive 17 M vor und nach dem Motiv.

Danach weiter nach Zählmuster Auto (Lokomotive/Puppe) stricken. Dabei jeweils ein Knäuel in Grau meliert rechts und links des Motives verwenden, damit die Fäden nicht so weit mitgezogen werden müssen. Beim Motiv »Auto« auch für beide Fenster je ein Mini-Knäuel abwickeln und pro Fenster verwenden. An den Farbübergängen die Fäden verkreuzen, damit keine Löcher entstehen.

Nach 28 (42/42) R Motiv noch 16 (11/14) R Grau meliert arbeiten, dabei für die Taschenform wie folgt abnehmen: In der 49. (53./59) R die 4. und 5. M sowie noch 6 (7/7) x jede 7. und 8. M rechts zusammenstricken. So werden 7 (8/8) M abgenommen = 51 (54/58) M. In der 53. (57./63.) R 4 x die 11. und 12. M rechts zusammenstricken und so 4 M abnehmen = 47 (50/54) M.

Nach der 59. (64./69.) R in Grau meliert mit doppeltem Faden alle M abketten.

Strickschrift Auto

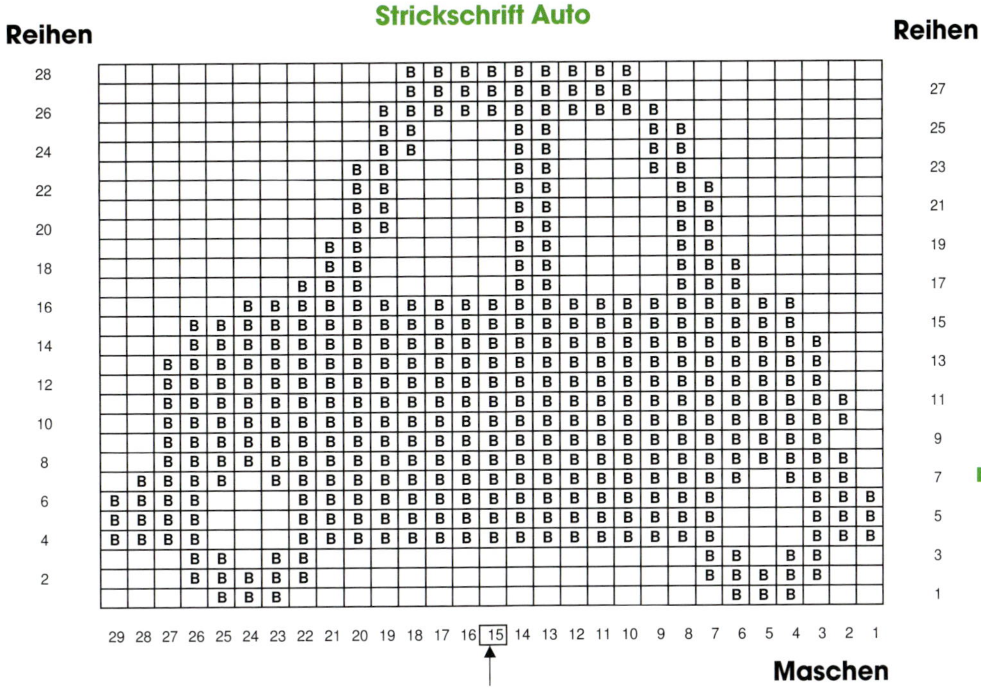

Zeichenerklärung:

☐ = Grau meliert

B = Royal

TASCHENRÜCKSEITE

Die Taschenrückseite wird fein geringelt gestrickt. Hier für die Zu- und Abnahmen ebenso vorgehen wie beim Vorderteil beschrieben. Mit Grau meliert beginnen und 6 (7/7) x die Streifenfolge arbeiten. Die Rückseite mit 5 (1/6) R Grau meliert beenden. Nach der 59. (64./69.) R in Grau meliert mit doppeltem Faden alle M abketten.

HENKEL

Die Taschenhenkel sehr fest stricken.
In Grau meliert 10 M anschlagen und auf 3 Nadeln des Nadelspiel verteilen.
In Rd glatt rechts arbeiten und nach 30 cm alle M abketten.
Den zweiten Henkel identisch stricken.

ZU GUTER LETZT

Alle Fäden vernähen. Die Seitennähte schließen. Im Bereich der Seitennaht die M zusätzlich am Boden annähen, falls hier ein kleines Loch entstanden ist.
Die Henkel an die obere Kante annähen. Dazu die Mitte an Vorderseite und Rückseite markieren. Beidseitig 8 (8/9) cm von der Mitte entfernt die Henkelenden feststecken. Der Zwischenraum zwischen den Enden beträgt also 16 (16/18) cm. Nun jeweils die Hälfte der Henkelenden an die Außenseite und die andere Hälfte an die Innenseite nähen, sodass die obere Kante der Tasche wie eine Spange umschlossen wird. Alle drei Lagen (Henkelvorderseite, Tasche, Henkelrückseite) noch 1 x durchnähen.
Die Tasche nach Anleitung (siehe Seite 6–7) verfilzen.

Strickschrift Puppe

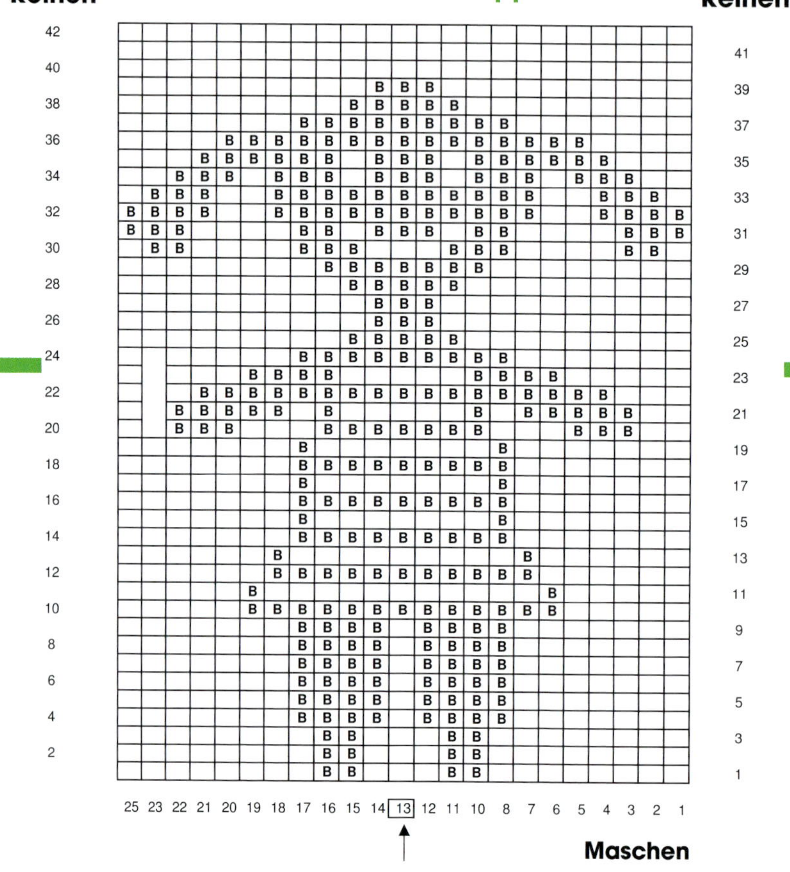

Zeichenerklärung:

☐ = Grau meliert

B = Pink

Strickschrift Lokomotive

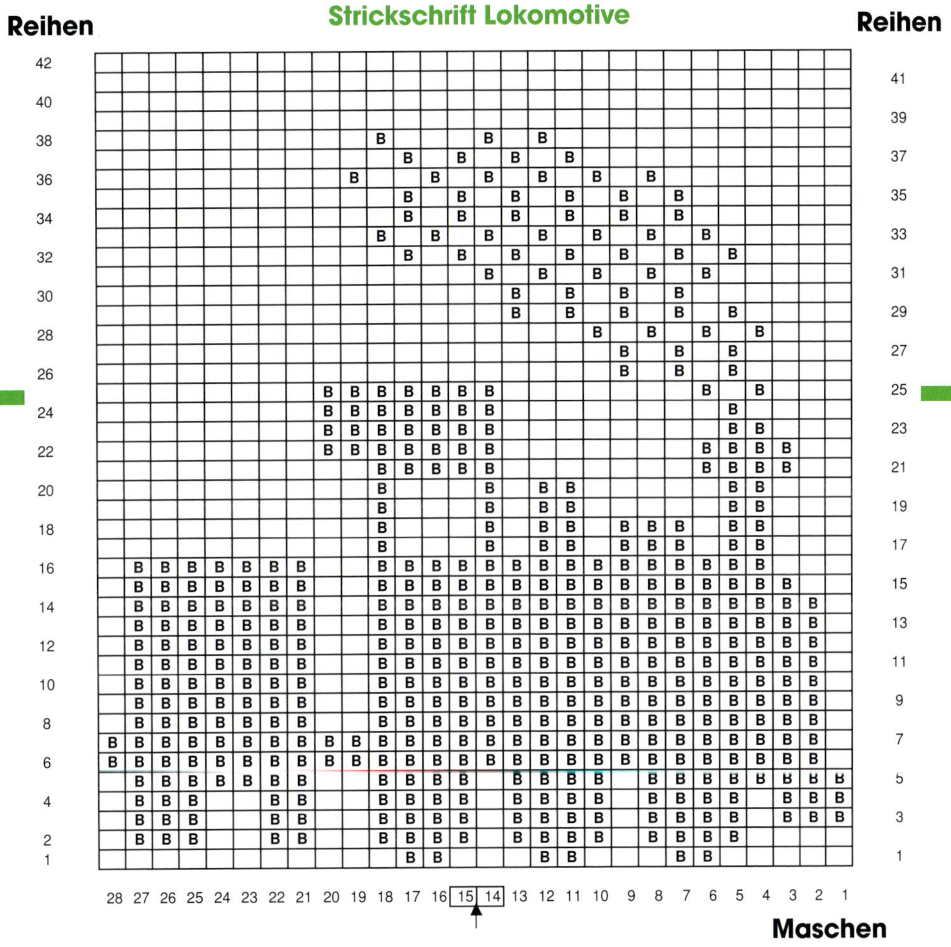

Zeichenerklärung:

☐ = Grau meliert

B = Giftgrün

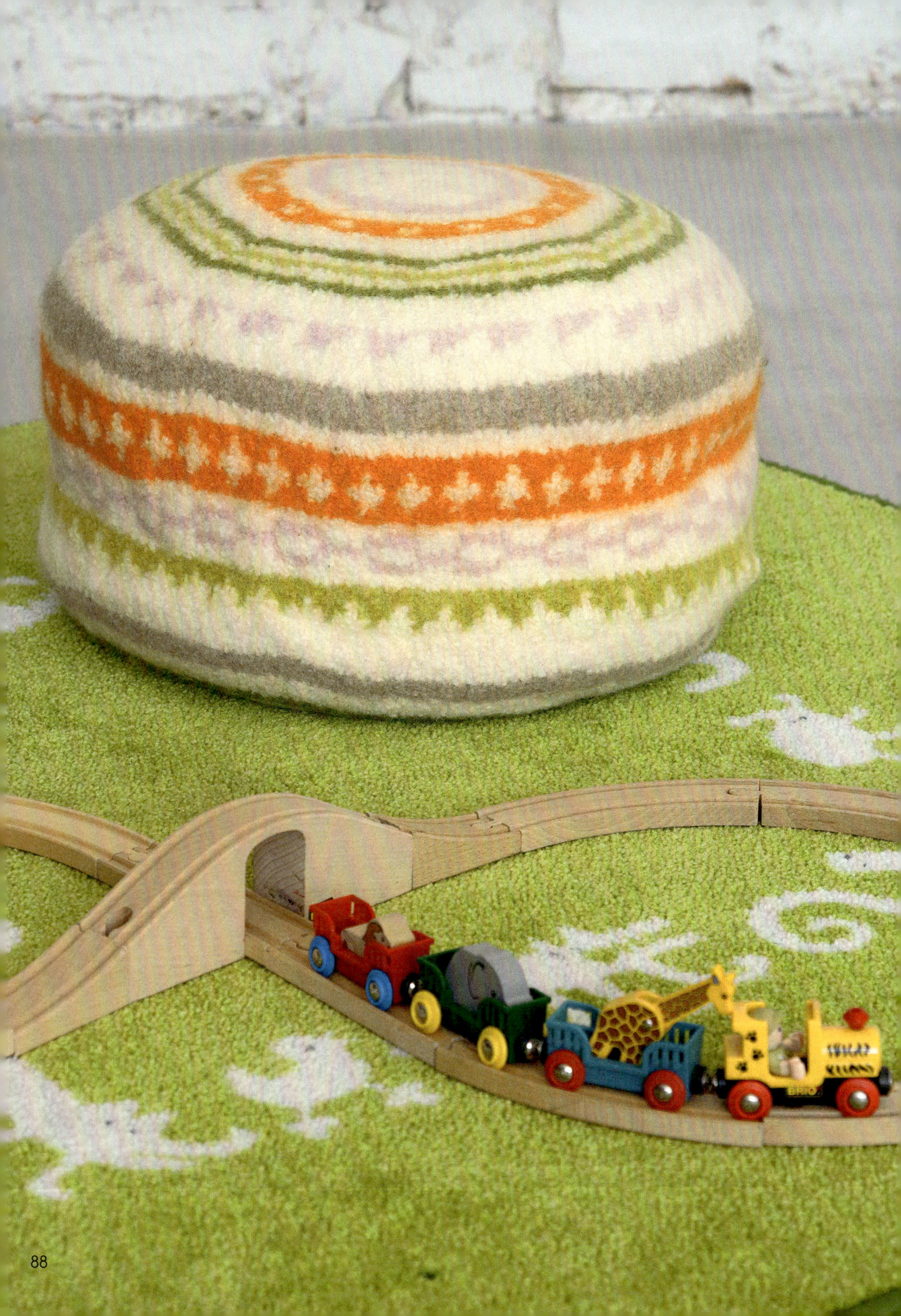

Rundum *praktisch*

Passend zum Teppich haben wir uns bei dem niedlichen Pouf in Grüntönen für einen knallig orangen Akzent entschieden. Aber auch auf dunklem Hintergrund, in Grauschattierungen oder Ton-in-Ton in Rosa, Pink, Lila und leuchtendem Rot ist er sicher eine lohnende Strickinvestition.

Rundum *praktisch*

Gemusterter Pouf

GRÖSSE

Vor dem Filzen: 90 cm (Durchmesser). Nach dem Filzen: 50 x 20 cm (Durchmesser x Höhe).

MATERIAL

Lana Grossa **Feltro** (100 % Wolle; Lauflänge 50 m/50g) **500 g** Rohweiß **(Fb 1)**, **je 100 g** Puderrosa **(Fb 70)**, Beige meliert **(Fb 24)**, Grüngelb **(Fb 82)**, Mandarin **(Fb 80)** und **50 g** Oliv **(Fb 21)**; Rundstricknadel Nr. 9 in 40 und 60 cm Länge; Nadelspiel Nr. 9; 2 Federkissen-Inlets 80 x 80 cm, 1 Federkissen-Inlet 60 x 60 cm

MASCHENPROBE

Mit Nadeln Nr. 9 glatt rechts gestrickt und vor dem Waschen gemessen, ergeben 10 M und 14 R = 10 x 10 cm.

MUSTER

Glatt rechts

In Rd nur rechte M stricken.

Musterfolge

Oberseite: 1 x die 1.–63. Rd arbeiten, im Zählmuster ist 1/8 der Gesamtmaschenzahl dargestellt. Rapport somit insgesamt 8x arbeiten.
Seitenwand: 1 x die 64.–89. Rd arbeiten
Unterseite (Ringelfolge): Die 90.–152. Rd in folgender Farbfolge arbeiten: 12 Rd Rohweiß, 3 Rd Beige meliert, 3 Rd Rohweiß, 3 Rd Oliv, 3 Rd Rohweiß, 3 Rd Grüngelb, 3 Rd Rohweiß, 3 Rd Puderrosa, 3 Rd Rohweiß, 3 Rd Beige meliert, 3 Rd Rohweiß, 3 Rd Grüngelb, 3 Rd Rohweiß, 3 Rd Mandarin, 3 Rd Rohweiß, 3 Rd Oliv, 6 Rd Rohweiß

ANLEITUNG

KISSENOBERSEITE

Mit Rohweiß 4 M anschlagen und auf ein Nadelspiel verteilen.
Ab der ersten Rd nach Zählmuster stricken und die Zunahmen beachten. Jeweils nach den mit »ZU« gekennzeichneten M 1 M rechts verschränkt aus dem Querfaden aufnehmen. Bei entsprechender Maschenzahl zunächst zur Rundstricknadel, später zur längeren Rundstricknadel wechseln.

SEITENWAND

Ebenfalls nach Zählmuster arbeiten und über 192 M 1 x die 64.–89. Rd stricken. Danach mit der Kissenunterseite beginnen und in der Ringelfolge arbeiten.

Zählmuster

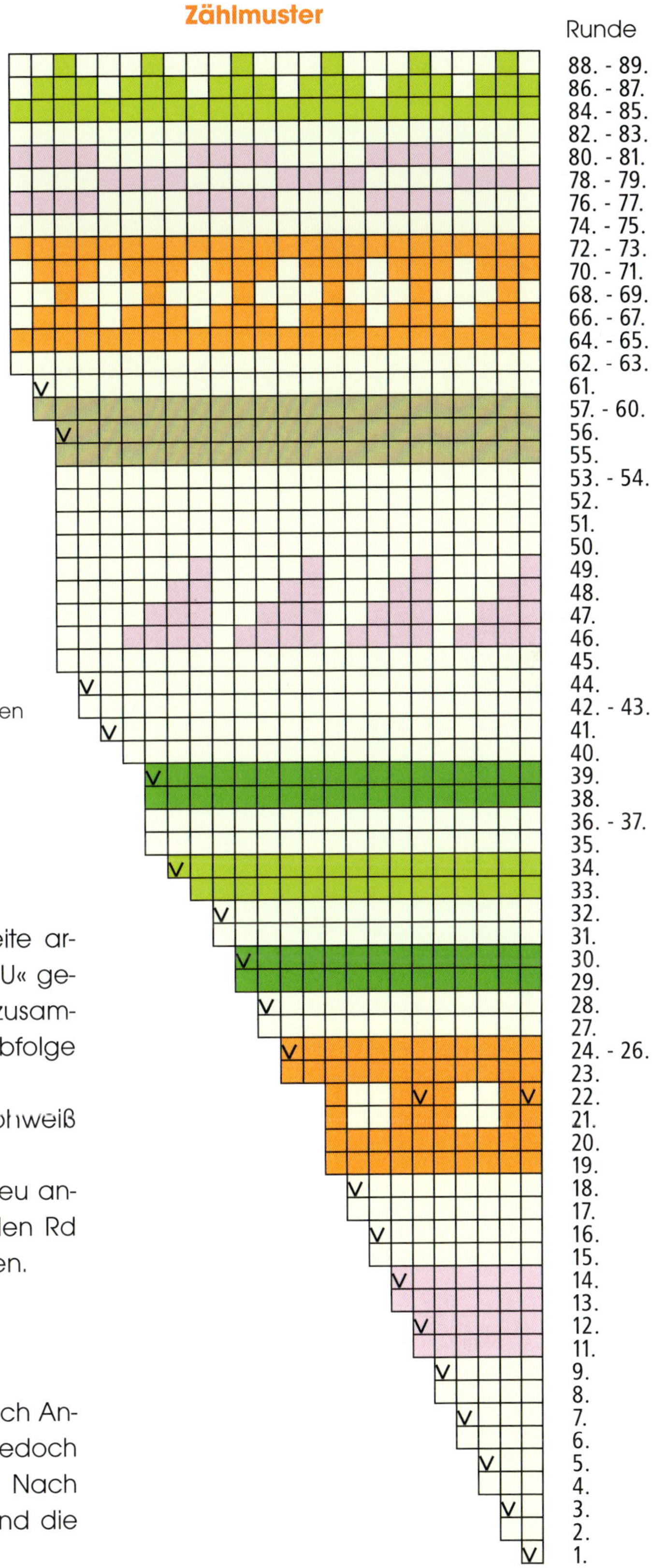

Zeichenerklärung:

- ☐ = 1 M und 1 Rd in Rohweiß
- ☐ = 1 M und 1 Rd in Puderrosa
- ☐ = 1 M und 1 Rd in Mandarin
- ☐ = 1 M und 1 Rd in Oliv
- ☐ = 1 M und 1 Rd in Grüngelb
- ☐ = 1 M und 1 Rd in Beige meliert
- V = Vor dieser M 1 M aus dem Querfaden zunehmen und in der folgenden Rd rechts verschränkt stricken

KISSENUNTERSEITE

Die Abnahmen analog zur Oberseite arbeiten, indem immer an den mit »ZU« gekennzeichneten Stellen 2 M rechts zusammengestrickt werden. Dabei die Farbfolge beachten.

Für die Kissenöffnung in der 9. Rd Rohweiß die 1.–100. M abketten.

Auf einer separaten Nadel 100 M neu anschlagen und diese in der folgenden Rd anstelle der abgeketteten M einfügen.

Die letzten 4 M zusammenziehen.

ZU GUTER LETZT

Alle Fäden vernähen. Das Kissen nach Anleitung verfilzen (siehe Seite 6–7), jedoch abweichend 60 Grad einstellen. Nach dem Verfilzen die Inlets einlegen und die offene Kante zusammennähen.

Jeden *Tag* einen *Wunsch* frei

So stellen wir uns alle das Prinzessinnendasein vor: Rund um die Uhr steht einem ein persönliches Einhorn zur Verfügung, mit dem man beliebig lange kuscheln kann und das in der Not auch mal ein paar Wünsche erfüllt.

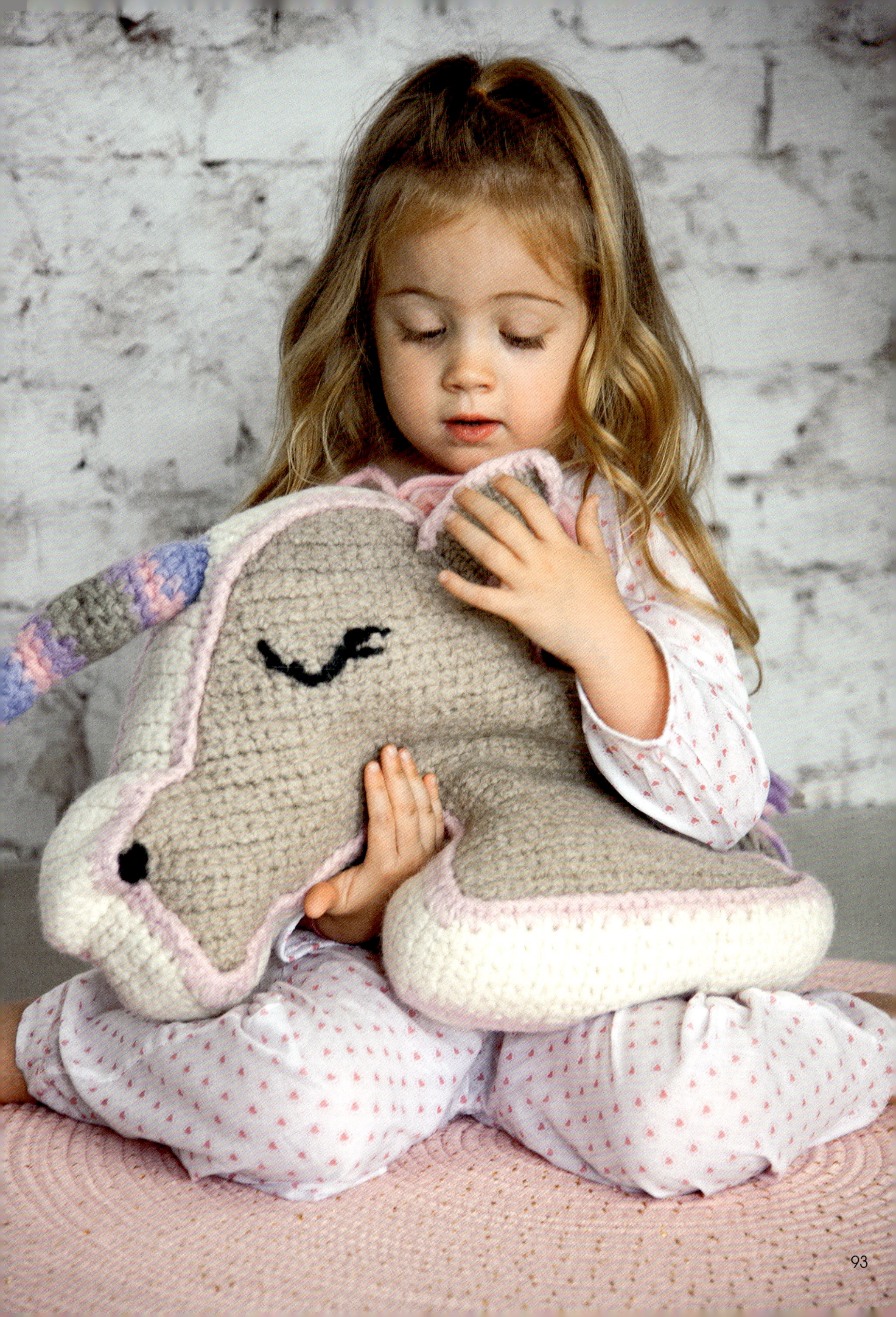

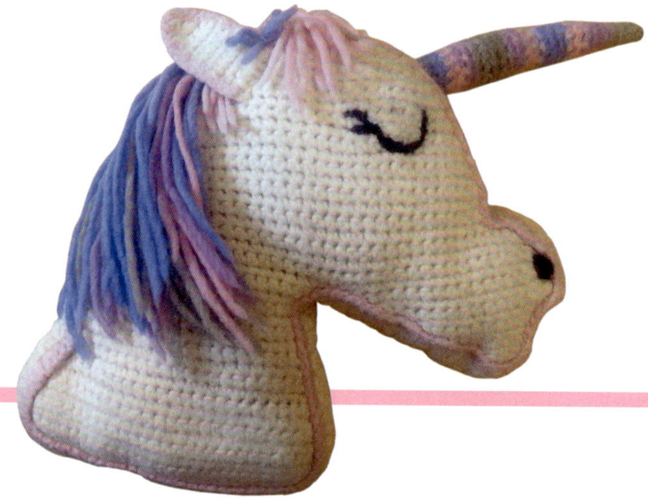

GRÖSSE

Vor dem Filzen: 39 x 42 cm (Breite x Höhe).
Nach dem Filzen: 30 x 35 cm (Breite x Höhe).

MATERIAL

Lana Grossa **Feltro** (100 % Wolle; Lauflänge 50 m/50 g) **200 g** Rohweiß **(Fb 01)**, **150 g** Beige meliert **(Fb 24)**, **50 g** Puderrosa **(Fb 70)** und ein Rest Schwarz zum Besticken; Lana Grossa **Feltro Print** (100 % Wolle; Lauflänge 50 m/50 g) **100 g** Graubeige/Rosa/Flieder **(Fb 374)**; Häkelnadel Nr. 7, dicke Sticknadel mit runder Spitze; waschbare Füllwatte

MASCHENPROBE

Mit Nadel Nr. 7 im Grundmuster gehäkelt und vor dem Waschen gemessen, ergeben 9 M und 10 R = 10 x 10 cm.

MUSTER

Grundmuster

Feste Maschen in Rd und R. In R ersetzt die Wende-Lm die 1. M. In Rd wird jede Rd mit einer Steige-Lm begonnen, die die 1. M ersetzt und jede Rd mit einer Km in die Steige-Lm geschlossen.

Abnahmen

Am Anfang der Reihe werden die M mit Km übergangen und in der folgenden Rückreihe unbearbeitet gelassen. Am Ende der Reihe werden die Maschen unbearbeitet gelassen.

Zunahmen

Müssen am Anfang einer R mehr M als in der vorangegangenen Rückr gehäkelt werden, schlägt man am Ende der davorliegenden R die M als Lm neu an. Werden am R-Ende M zugenommen, wird die letzte M der R verdoppelt oder verdreifacht. Ab 4 M Zunahme häkeln Sie eine separate Lm-Kette und setzten diese fortlaufend am R-Ende an.

ANLEITUNG

Hinweis: Die Kissenober- und -unterseite werden nach dem Zählmuster gehäkelt. Das Zählmuster ist jeweils so zu lesen, dass ein Kästchen im Zählmuster 1 M und 1 R in der Höhe darstellt.

TEIL A

Einhorn-Kissenplatte 1 x in Rohweiß, 1 x in Beige meliert häkeln.

Einhornkissen

29 Lm + 1 Wende-Lm anschlagen und ab der ersten R nach Schema häkeln.
Nach der 16. R 3 Lm anschlagen und die Arbeit stilllegen.

TEIL B

Danach Teil B arbeiten. 2 Lm + 1 Wende-Lm anschlagen und von der R B1 bis B10 häkeln.

KOPF

In der folgenden R beide Teile verbinden und über den neu angeschlagenen Lm 3 fM arbeiten. Die R-Nummerierung setzt sich analog zu Teil A fort. Arbeit nach der 42. R beenden.

STEG

In Rohweiß 6 Lm + 1 Wende-Lm anschlagen und 160 R fM arbeiten.
Arbeit beenden.
Steg zur Rd legen und die beiden Schmalseiten zusammennähen.

KONFEKTIONIEREN

Steg und 1 Kissenseite links auf links aufeinanderlegen und mit einer Rd fM verbinden. Mit der zweiten Seite ebenso verfahren.

Bevor das Kissen komplett geschlossen ist, mit Füllwatte ausfüllen. Dabei das Einhorn nur so ausstopfen, dass es »schlabbrig« gefüllt ist. Beim Verfilzen schrumpft das Kissen ein, die Füllwatte bleibt jedoch in Originalgröße, sodass das Kissen dann »straff« gefüllt ist«. Fäden auf der Innenseite verknoten. Vernähen ist nicht nötig, da sie innen mit verfilzen und später nicht mehr sichtbar sind. Nach dem Ausstopfen die restliche Naht schließen.

OHREN

2 Ohren häkeln (1 x Rohweiß und 1 x Beige meliert).
In Rohweiß 6 Lm + 1 Wende-Lm anschl.
1.–6. R: 6 fM.
7.–11. R: Jeweils die 1. M der R überspringen und so pro R 1 M abnehmen.
Die Arbeit beenden.
Das Ohr in Puderrosa mit 1 Rd fM umhäkeln.
Das zweite Ohr in Beige meliert ebenso arbeiten.
Die Ohren zwischen der 50. und 60. R und 4–5 M vom Paspel entfernt annähen.

HORN

Mit Feltro Print 10 Lm anschlagen und mit 1 Km zur Rd schließen.

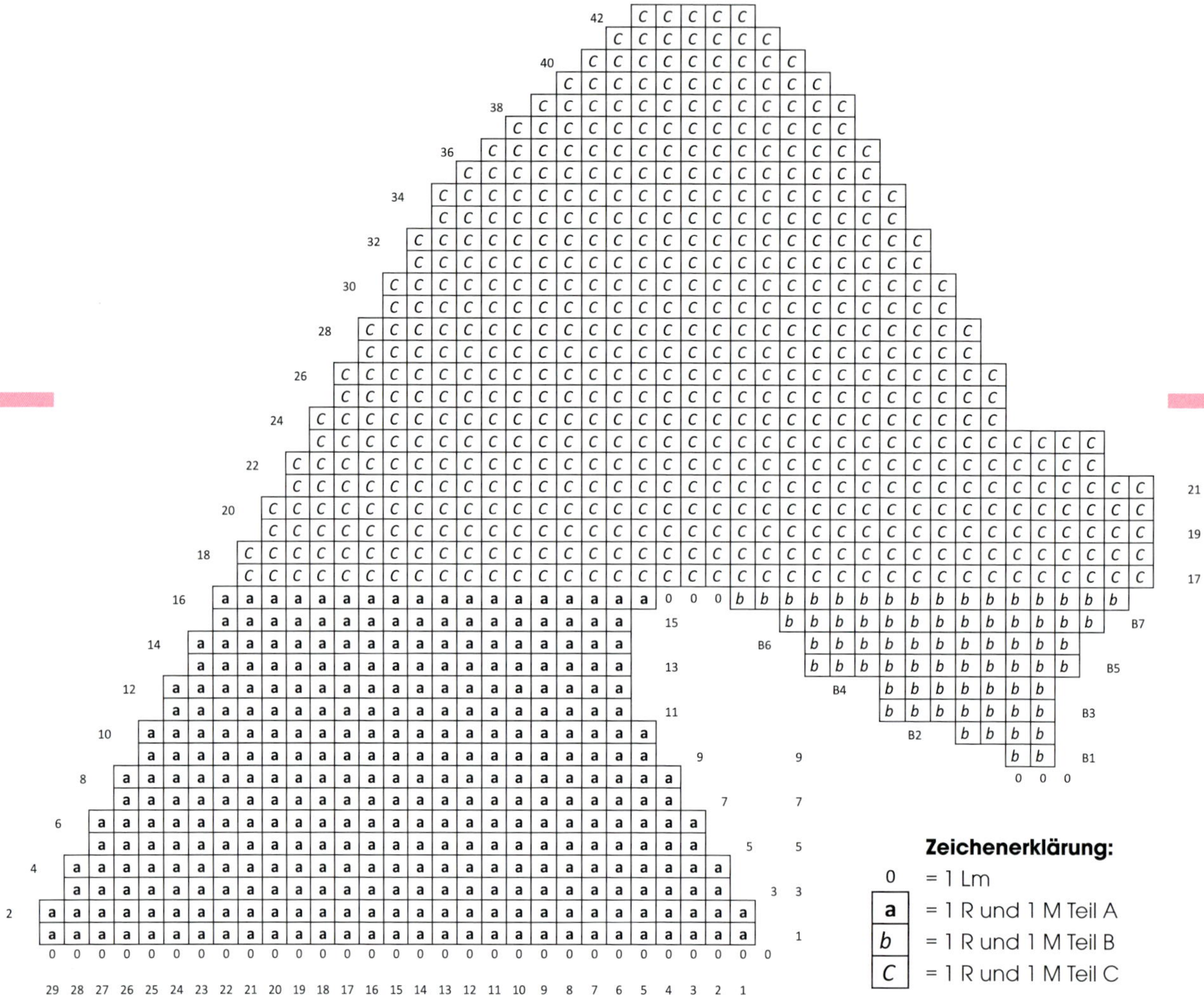

10 Rd in Spiral-Rd häkeln, das heißt, die Rd nicht mit einer Steige-Lm beginnen und auch nicht mit einer Km schließen.

Weiter in jeder 3. R 1 M überspringen, bis nur noch 4 M übrig sind.

Faden abschneiden und die verbleibenden 4 M damit zusammenziehen.

Horn mit Füllwatte ausstopfen und am Kopf des Einhorns annähen.

NÜSTERN UND AUGE

Mit Schwarz über der 24.–26. R an der Nasenspitze auf beiden Kissenseiten ein Nasenloch im Plattstich sticken.

Beidseitig mit Schwarz im Kettstich zwei schlafende Augen einsticken.

ZU GUTER LETZT

Alle Fäden nach innen ziehen. Das Kissen nach Anleitung verfilzen (siehe Seite 6–7). Nach dem Verfilzen die Füllwatte noch einmal verteilen und lockern.

Nach dem Trocknen wird die Mähne eingeknüpft. Hierzu 27 Fäden à 30 cm schneiden, doppelt legen und ab Höhe des Ohrs in Richtung Hals in jede R nebeneinander 3 Fäden einknüpfen. Die Mähne reicht somit über 9 R.

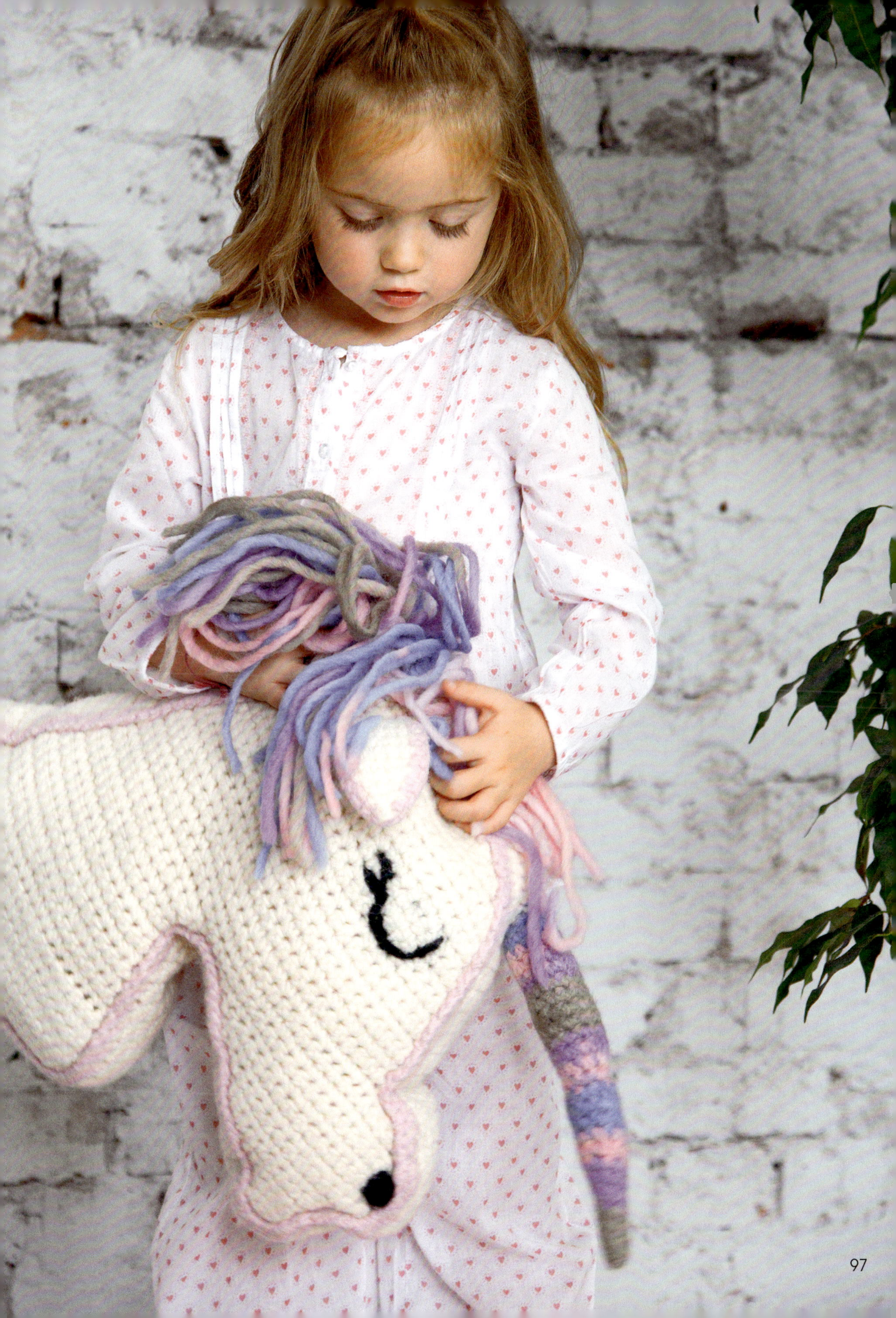

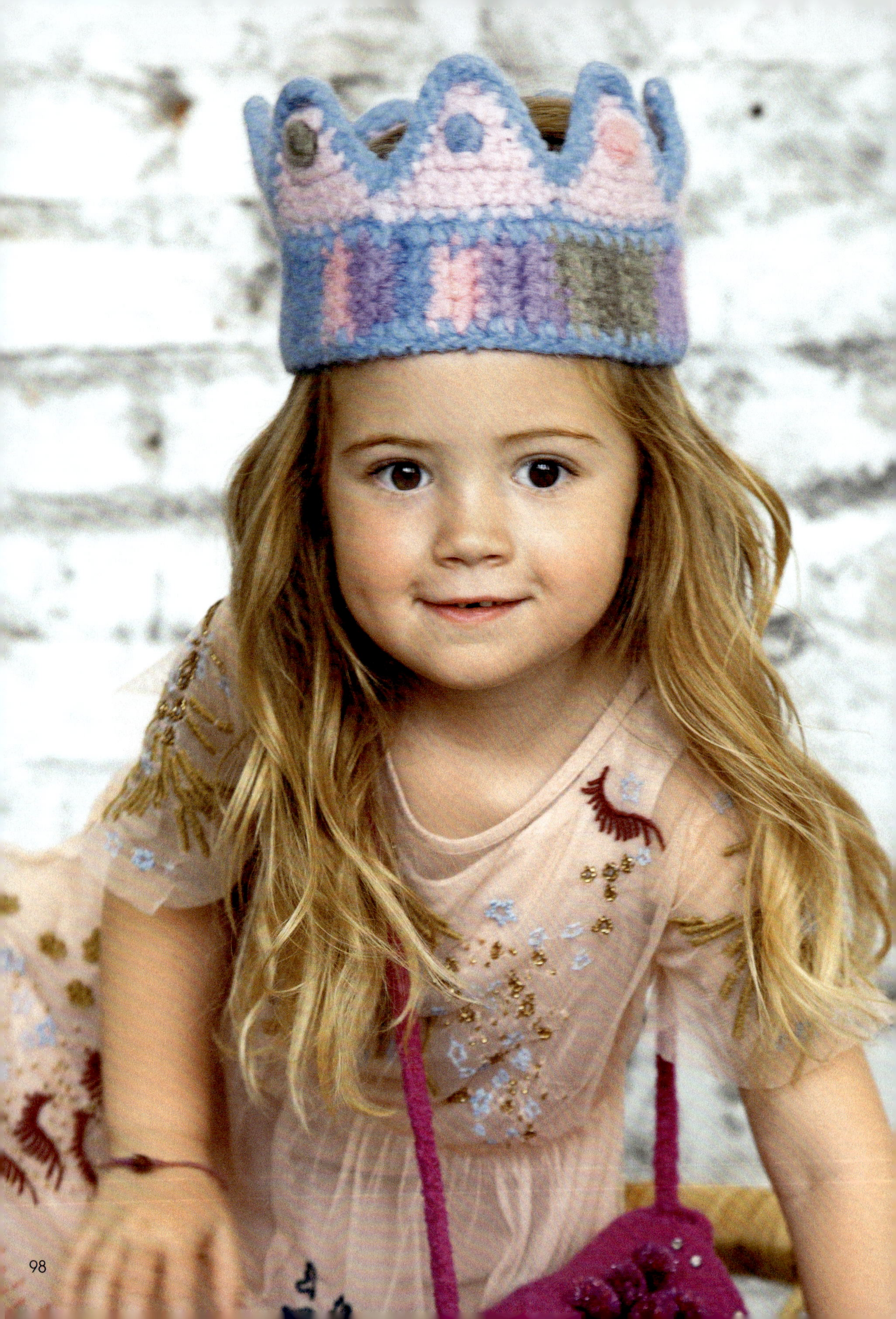

Krone als Statement

Hinfallen, Krönchen richten, weitergehen:
genau die richtige Einstellung,
um lässig durchs Leben zu gehen.

Krone als Statement

Prinzessinnenkrone

GRÖSSE
Für Kopfumfang 48–52 cm.

MATERIAL
Lana Grossa **Feltro** (100 % Wolle; Lauflänge 50 m/50 g) **je 50 g** Puderrosa **(Fb 70)** und Hellblau **(Fb 65)**; Lana Grossa **Feltro Print** (100 % Wolle; Lauflänge 50 m/50 g) **50 g** Graubeige/Rosa/Flieder **(Fb 374)**; Häkelnadel Nr. 7

MASCHENPROBE
Mit Nadel Nr. 7 im Grundmuster gehäkelt und vor dem Waschen gemessen, ergeben 9 M und 10 R = 10 x 10 cm.

MUSTER
Grundmuster

Feste Maschen in Rd und R: In R ersetzt die Wende-Lm die 1. M. In Rd wird jede Rd mit einer Steige-Lm begonnen, die die 1. M ersetzt und jede Rd mit einer Km in die Steige-Lm geschlossen.

ANLEITUNG

STIRNBAND
Mit Feltro Print 5 Lm + 1 Wende Lm anschlagen und die 1. fM in die 2. Lm ab Nadel arbeiten.

Über 56 R jeweils 5 fM häkeln. An jedem R-Anfang zum besseren Wenden 1 Lm arbeiten, die aber nicht die 1. fM ersetzt. Nach 56 R die Arbeit beenden.

Den Streifen zum Loop legen und die schmalen Seiten aneinandernähen.

Die langen Seiten jeweils in Hellblau mit 1 Rd fM (= 56 M) umhäkeln.

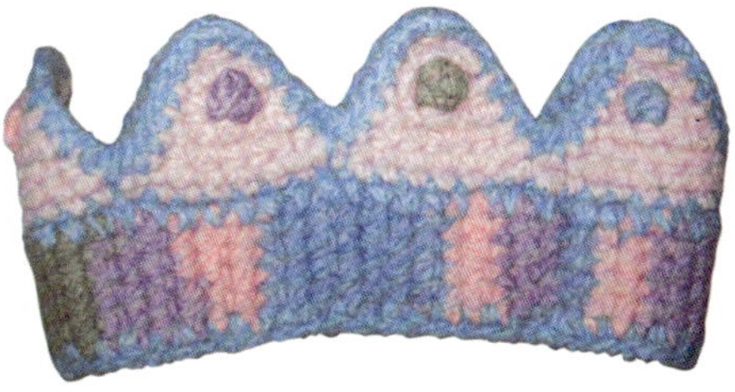

ZACKEN

In Puderrosa an einer Seite des Stirnbands mit 1 Km den Faden neu anschlingen und in die folgenden 8 M des Stirnbands je 1 fM arbeiten.

Die Arbeit wenden, die 1. M überspringen und 7 M zurück häkeln. Die Arbeit erneut wenden, 1 M überspringen und 6 fM häkeln. Diesen Vorgang wiederholen, bis nur noch 1 fM gehäkelt wird.

Weiter am linken Rand der 1. Zacke. In jede R 1 Km arbeiten, bis man sich wieder auf Höhe des Stirnbands befindet.

In die nächstmögliche M des Stirnbands und in die folgenden 7 M je 1 fM arbeiten (= 8 M) und eine 2. Zacke wie die eben beschriebene häkeln.

Den Vorgang noch 5 x wiederholen, bis 7 Zacken gearbeitet sind. Dann die Arbeit beenden.

ZACKENRAND

Den Faden in Hellblau an der letzten in Puderrosa gearbeiteten M anschlingen und rund um die Zacken 1 Rd fM arbeiten, dabei an den Zackenspitzen in 1 M 3 fM häkeln. Die Arbeit beenden.

PUNKTE

Im Plattstich mit Feltro Print in jede Zacke einen dicken Punkt sticken.

ZU GUTER LETZT

Alle Fäden vernähen. Die Krone nach Anleitung verfilzen (siehe Seite 6–7), jedoch abweichend 60 Grad einstellen.

Es war *einmal …*

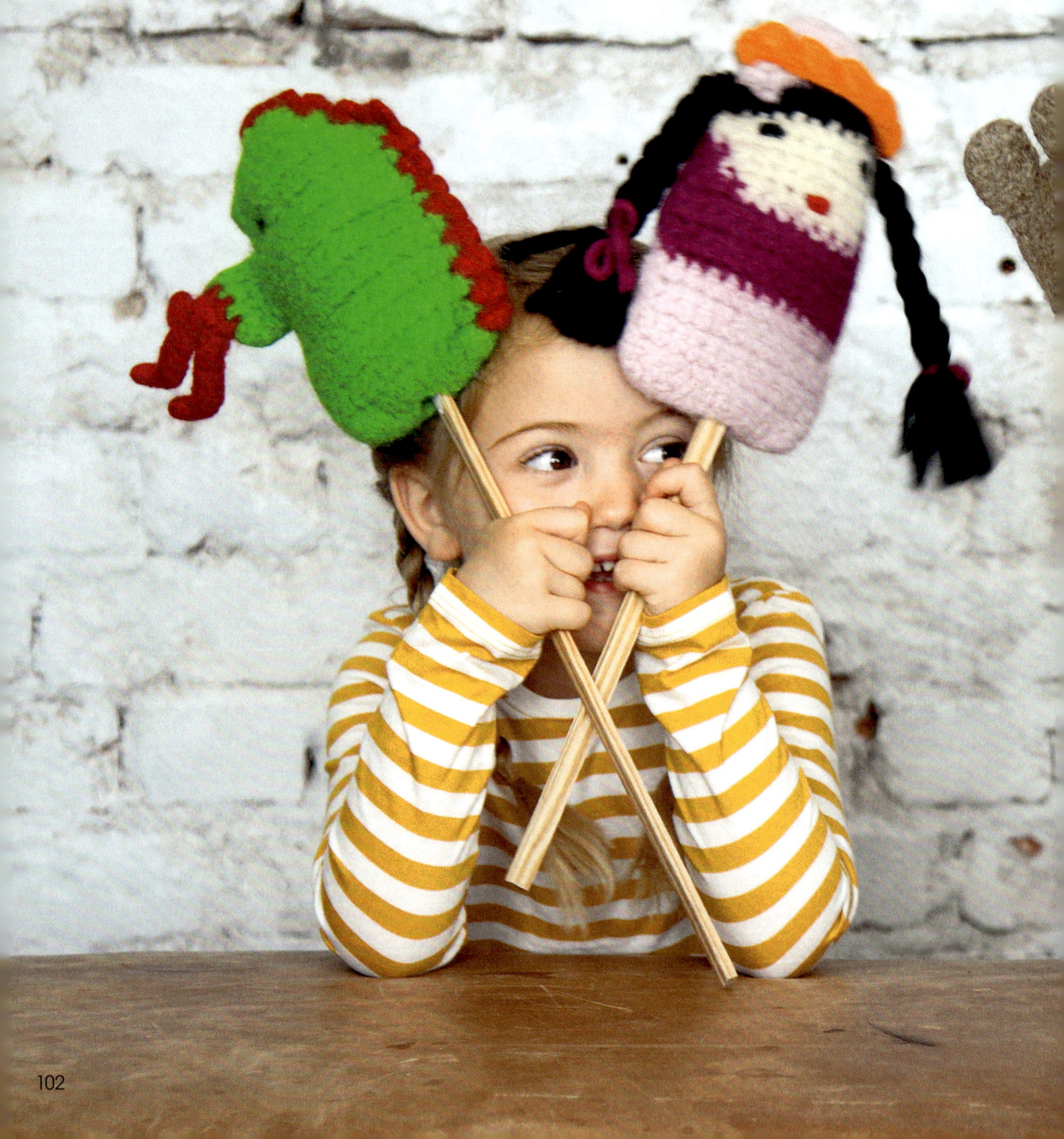

... eine schöne Prinzessin, ein tapferer Ritter, ein freundlicher aber feuerspeiender Drache und ein dunkles und vor Ratten wimmelndes Turmverlies. Und wenn sie nicht gestorben sind, dann ... ! Die Stockpuppen lassen sich auch beliebig erweitern um König, Königin, Hofhund, den schwarzen Ritter, rassige Pferde, geheimnisvolle Mönche und und und ....

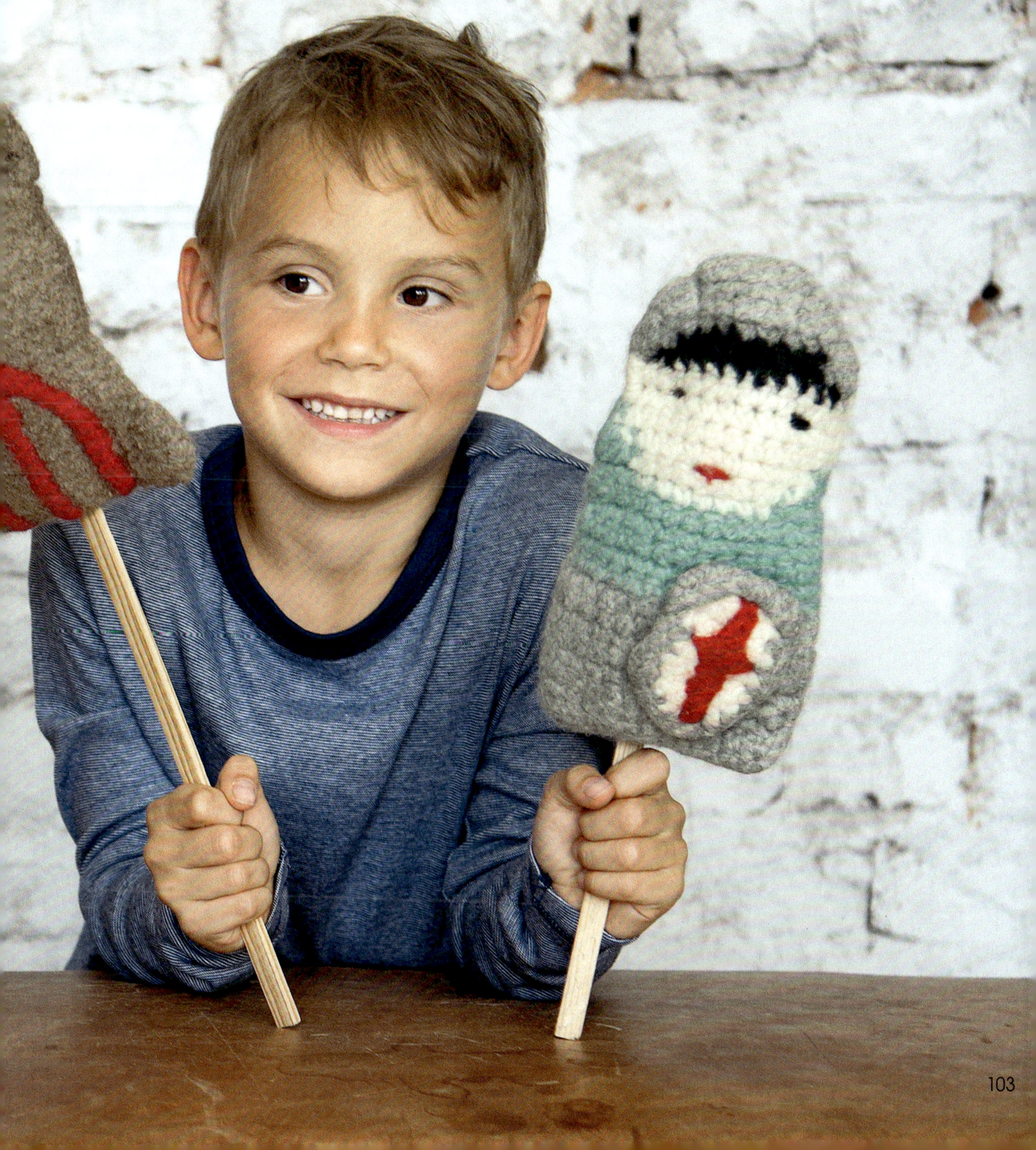

Es war *einmal …*

Figuren

GRÖSSE
Vor dem Filzen: Je nach Figur ca. 26–28 cm hoch. Nach dem Filzen: Je nach Figur ca. 20–22 cm hoch.

MATERIAL
Lana Grossa **Feltro** (100 % Wolle; Lauflänge 50 m/ 50 g) **je 100 g** Giftgrün **(Fb 59)**, Braun **(Fb 23)**, Rohweiß **(Fb 1)**, **je 50 g** Grau meliert **(Fb 03)**, Puderrosa **(Fb 70)**, Rot **(Fb 7)**, Zyklam **(Fb 62)**, Hellblau **(Fb 65)**, Schwarz **(Fb 6)** und Mandarin **(Fb 80)**; Häkelnadel Nr. 7 und 4, dicke Sticknadel mit runder Spitze; waschbare Füllwatte; 4 Stöcke, ca. 40–50 cm lang

MASCHENPROBE
Mit Nadel Nr. 7 im Grundmuster gehäkelt und vor dem Waschen gemessen, ergeben 9 M und 10 R = 10 x 10 cm.

MUSTER
Grundmuster
Feste Maschen in Rd und R: In R ersetzt die Wende-Lm die 1. M. In Rd wird jede Rd mit einer Steige-Lm begonnen, die die 1. M ersetzt und jede Rd mit einer Km in die Steige-Lm geschlossen.

Grundsätzliche Vorgehensweise
Die Ober- und Unterseite wird bei allen Figuren nach dem Zählmuster gehäkelt. Das Zählmuster ist jeweils so zu lesen, dass 1 Kästchen im Zählmuster 1 M und 1 R in der Höhe darstellt. Die Bestickung erfolgt jeweils nur an der Vorderseite der Figuren.

Abnahmen
Am Anfang der R werden die M mit Km übergangen und in der folgenden Rückreihe unbearbeitet gelassen. Am Ende der R werden die M unbearbeitet gelassen.

Zunahmen
Müssen am Anfang einer R mehr M als in der vorangegangenen Rückr gehäkelt werden, schlägt man am Ende der davor liegenden R die M als Lm neu an. Werden am R-Ende M zugenommen, wird die letzte M der R verdoppelt oder verdreifacht. Ab 4 M Zunahme häkeln Sie eine separate Lm-Kette und setzten diese fortlaufend am R-Ende an.

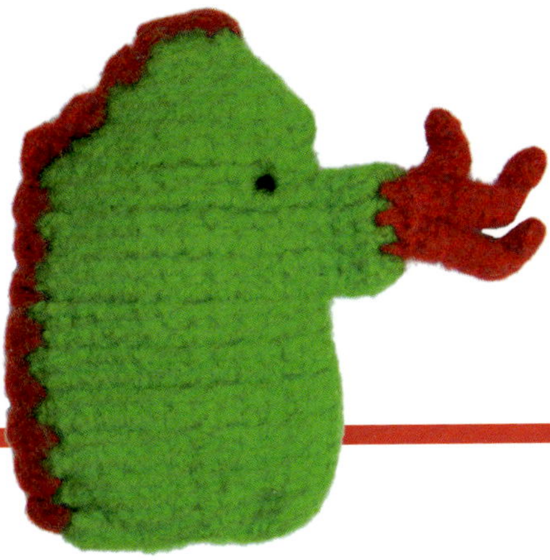 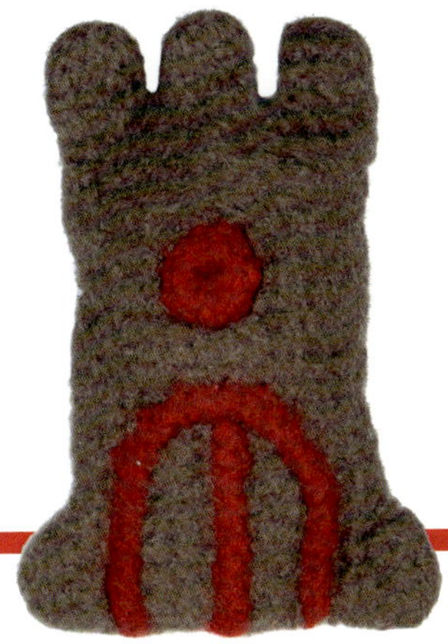

ANLEITUNG

DRACHE

In Giftgrün die Vorder- und Rückseite des Drachens nach Zählmuster 2 x häkeln. Den Faden jeweils lang abschneiden und damit Vorder- und Rückseite zusammennähen. An der unteren Kante einen Schlitz von ca. 4 cm offen lassen.

Flamme: An der Unterkante des Maules (ca. 13. R) eine Km in Rot anschlingen und 10 Lm häkeln. Zurück 1 R fM häkeln. Faden abschneiden und gleich vernähen. Eine identische Flamme mit 10 Lm zwischen der 15. und der 16. R arbeiten und eine dritte Flamme aus nur 8 Lm oberhalb der 18. R häkeln.

Rückenzacken: Am Rücken an der 24. R eine Km in Rot anschlingen und Richtung 2. R 1 R Mäusezacken häkeln. Dafür jeweils * 1 fM in den Drachen häkeln, 3 Lm, 1 fM in die erste der drei Lm arbeiten, am Rücken 1 M überspringen und die Zacke mit 1 fM am Rücken fixieren **.

Vorgang von * bis ** bis zur unteren Kante wiederholen.

Auge: In Höhe der 19. R über der 5. M mit Schwarz ein Auge einsticken.

TURM

In Braun die Vorder- und Rückseite des Turms nach Zählmuster 2 x häkeln. Den Faden jeweils lang abschneiden und damit Vorder- und Rückseite zusammennähen. Für die Zinnen des Turms den Faden jeweils neu anschlingen. An der unteren Kante einen Schlitz von ca. 4 cm offen lassen.

Tür: Gemäß Zeichnung im Stielstich in Rot eine Tür und ein Fenster aufsticken.

PRINZESSIN

Nach Zählmuster und in der angegebenen Farbverteilung 2 x die Prinzessin häkeln. Den Faden jeweils lang abschneiden und damit Vorder- und Rückseite zusammennähen. An der unteren Kante einen Schlitz von ca. 4 cm offen lassen. Auf der Vorderseite die Augen in Schwarz und den Mund in Rot einsticken.

Krone: In Mandarin mit Nadel Nr. 4,0 eine Krone häkeln. Hierzu den Faden teilen, 30 Lm + 1 Wende-Lm anschlagen und 1 R fM häkeln. In der folgenden R mit 1 Wende-Lm und * 1 fM, 3 Stb in 1 M, 1 fM ** beginnen, von * bis ** bis zum R-Ende wiederholen. Die Arbeit beenden und die Schmalseiten

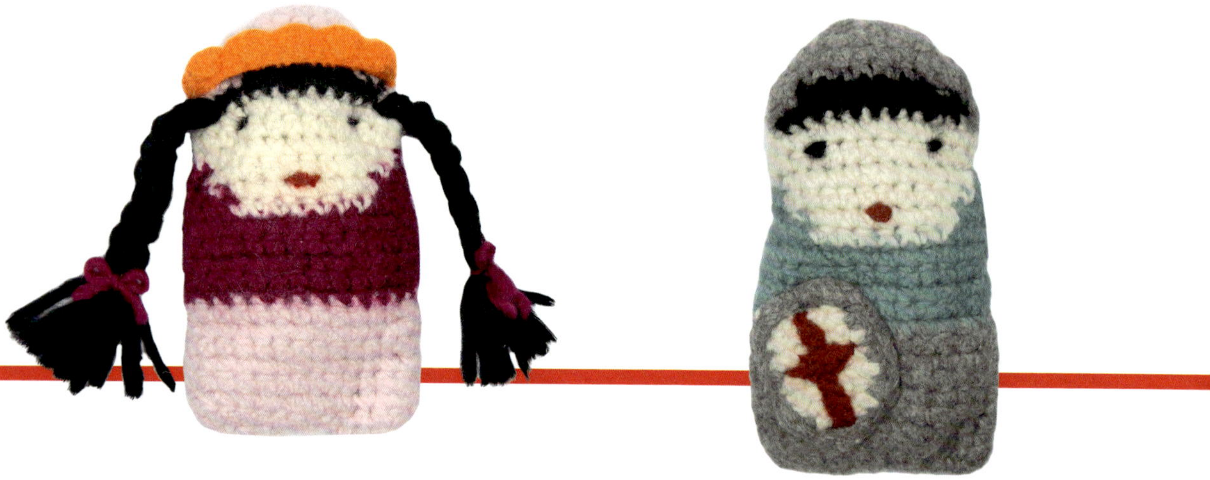

aneinandernähen. Krone mit einigen Stichen am Kopf der Prinzessin befestigen.

Zöpfe: Achtung: Erst NACH dem Verfilzen die Haare anbringen. Dazu beidseitig in Höhe der 17. R 6 Fäden à 60 cm einziehen und zu Zöpfen flechten. Mit einer kleinen Schleife festbinden und gerade abschneiden.

RITTER

Nach Zählmuster und in der angegebenen Farbverteilung 2 x den Ritter häkeln. Den Faden jeweils lang abschneiden und damit Vorder- und Rückseite zusammennähen. An der unteren Kante einen Schlitz von ca. 4 cm offen lassen. Auf der Vorderseite Augen in Schwarz und Mund in Rot einsticken.

Schild: Das Schild separat nach Zählmuster 1 x häkeln. In Rot ein Kreuz gemäß Zeichnung im Stielstich aufsticken und 1 x mit 1 R fM in Grau meliert umhäkeln. Auf der Vorderseite des Ritters etwa in Höhe der 2.–8. R aufnähen.

ZU GUTER LETZT

Alle Figuren nach Anleitung verfilzen (siehe Seite 6–7), jedoch abweichend 60 Grad einstellen. Nach dem Trocknen mit etwas Füllwatte ausstopfen. Stock einstecken und untere Öffnung so eng wie möglich zunähen, damit der Stock nicht mehr herausrutschen kann.

Zählmuster Schild

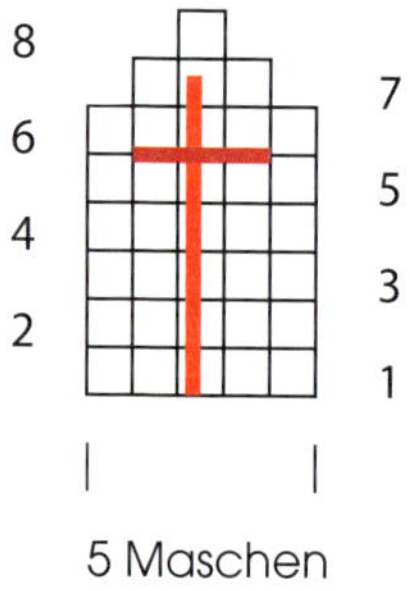

Zeichenerklärung:

- = 1 M und 1 R in Rohweiß (Fb 1)
- = 1 M und 1 R in Hellblau (Fb 65)
- = 1 R und 1 M in Giftgrün (Fb 59)
- = 1 M und 1 R in Puderrosa (Fb 70)
- = 1 M und 1 R in Zyklam (Fb 62)
- = 1 R und 1 M in Braun (Fb 23)
- = 1 M und 1 R in Grau meliert (Fb 3)
- = 1 M und 1 R in Schwarz (Fb 6)

Zählmuster Drache

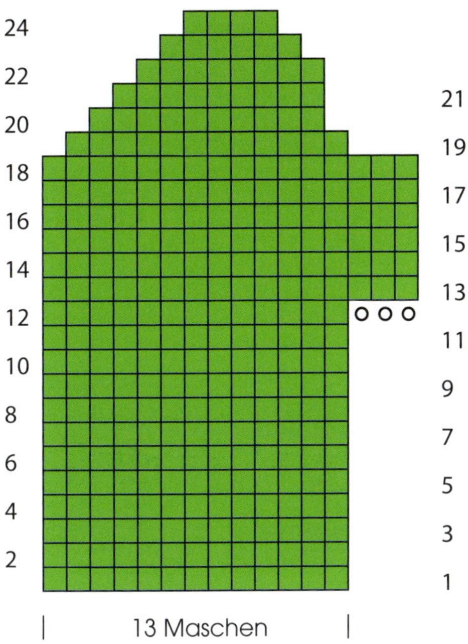

Zählmuster Turm

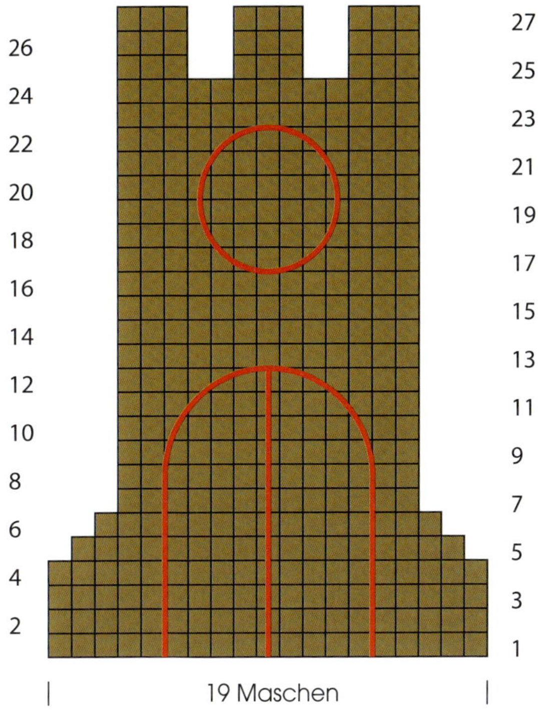

Zählmuster Ritter

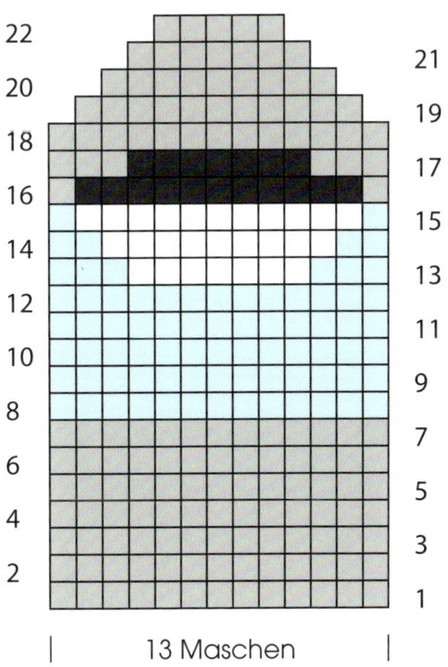

Zählmuster Prinzessin

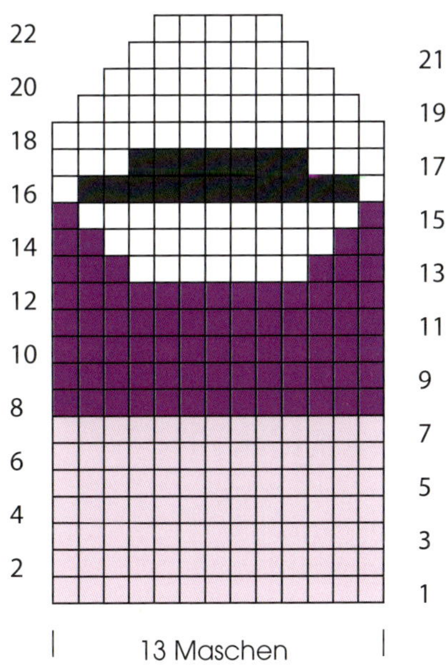

Hilfe, Monster unterm Bett!

Monsterchen? Außerirdischer? Fantasietier? Wolpertinger? Egal, Hauptsache lustig. Lassen Sie Ihre Kinder doch mal ein Wunsch-Kuscheltier malen und versuchen Sie, es nachzuhäkeln. Aus Sicherheitsgründen für Kinder bis vier auf Kleinteile, Knöpfe und lange Schnüre verzichten.

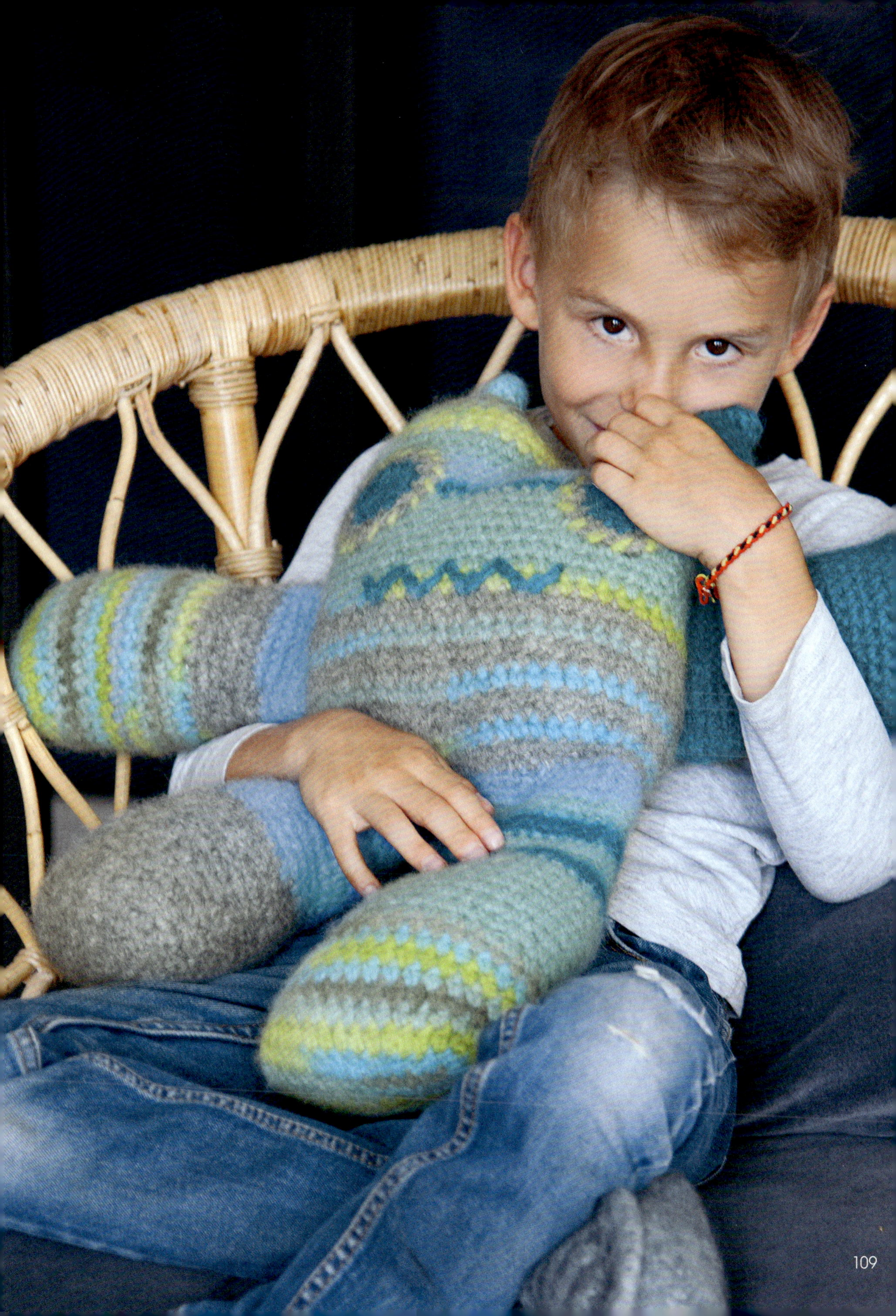

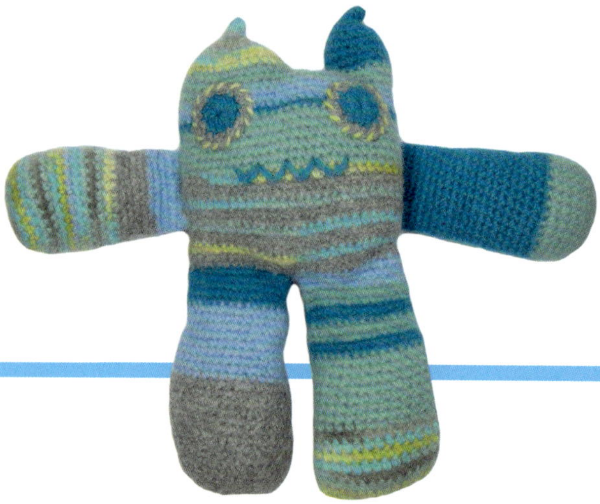

GRÖSSE

Vor dem Filzen: 60 cm (Höhe). Nach dem Filzen: 50 cm (Höhe).

MATERIAL

Lana Grossa **Feltro** (100 % Wolle; Lauflänge 50 m/50 g) **je 100 g** Minttürkis **(Fb 85)**, Türkis **(Fb 32)**, Hellblau **(Fb 65)** und Grau meliert **(Fb 3)**; Lana Grossa **Feltro Print** (100 % Wolle; Lauflänge 50 m/50 g); **100 g** Helltürkis/Mint/Grüngelb/Pistazie **(Fb 378)**; Häkelnadel Nr. 7, eine dicke Sticknadel mit runder Spitze; waschbare Füllwatte

MASCHENPROBE

Mit Nadel Nr. 7 im Grundmuster gehäkelt und vor dem Waschen gemessen, ergeben 11 M und 10 R = 10 x 10 cm.

MUSTER

Grundmuster

Feste Maschen in Rd. Es wird jede Rd mit einer Steige-Lm begonnen, die die 1. M ersetzt und jede Rd mit einer Km in die Steige-Lm geschlossen.

ANLEITUNG

LINKES BEIN

30 Lm in Feltro Print anschlagen und mit 1 Km zur Rd schließen.

Weiter in Spiral-Rd fM häkeln. Bei Farbübergängen bei der letzten M der abzuschließenden Farbe den Faden in der neuen Farbe durch die M holen.

Farbfolge einhalten wie folgt: 8 Rd in Feltro Print, 9 Rd in Minttürkis, 2 Rd Türkis, 2 Rd Minttürkis, 2 Rd Türkis, 2 Rd Minttürkis, 3 Rd Hellblau. Dann die Arbeit beenden.

Hilfe, Monster unterm Bett!

Monsterchen

RECHTES BEIN

Wie das linke Bein arbeiten und mit 30 Lm in Grau meliert beginnen.
Farbfolge einhalten wie folgt: 14 Rd Grau meliert, 9 Rd Hellblau, 5 Rd Türkis.

KÖRPER

Beide Beine so legen, dass der Rd-Übergang jeweils zur inneren Beinseite zeigt.
Faden in Grau meliert an der Seitennaht (16. M) des linken Beins mit einer Km anschlingen und 15 M über das vordere linke Bein häkeln. Weiter über das rechte Bein (30 M) und fortlaufend über die restlichen 15 M des hinteren linken Beins häkeln.
Die 60 M zur Rd schließen und in Spiral-Rd nach der folgenden Farbfolge weiter häkeln: 1 Rd Grau meliert, 3 x * 1 Rd Feltro Print, 2 Rd Grau meliert**, 1 Rd Feltro Print, 6 Rd Minttürkis, 1 Rd Türkis, 3 Rd Hellblau, 3 Rd Minttürkis.

LINKES OHR

Weiter in Türkis das linke Ohr häkeln.
Hierzu 10 fM arbeiten, dann weiter auf der Rückseite ebenfalls über 10 M (= 51.–60. M des Körpers) häkeln.
Die insgesamt 20 M zur Rd schließen und 2 Rd in Spiral-Rd häkeln. Danach fM häkeln, dabei jedoch jede 5. M überspringen und so M abnehmen.
Die letzten 4 M mit dem Arbeitsfaden zusammenziehen.

RECHTES OHR

Mit Feltro Print an der 16. M anschlingen, 30 fM häkeln und diese zur Rd schließen.
4 Rd häkeln, dann abnehmen wie beim linken Ohr beschrieben.

LINKER ARM

24 Lm in Minttürkis anschlagen und mit 1 Km zur Rd schließen. 6 Rd Minttürkis und 20 Rd in Türkis häkeln. Die Arbeit beenden.

Den Arm an einer Seite zunähen, mit Füllwatte ausstopfen und an der zweiten Seite ebenfalls zunähen.

RECHTER ARM

Wie den linken Arm arbeiten. Lm in Feltro Print anschlagen, dann 16 Rd in Feltro Print, 5 Rd Grau meliert, 5 Rd Hellblau häkeln.

AUGEN

2 Augen häkeln.

Mit Türkis in einen Fadenring 12 Stb arbeiten und zur Rd schließen.

Wechseln zu Grau meliert und 1 Rd fM häkeln, dabei jede 2. M verdoppeln = 18 M.

KONFEKTIONIEREN

Augen mit Feltro Print im Überwendlichstich mit Abstand von 9 cm zueinander am Körper annähen. Die untere Kante der Augen liegt etwa mittig im Streifen in Minttürkis.

Mit doppeltem Faden in Türkis eine Zickzack-Linie auf Höhe der letzten Rd Feltro Print als Mund aufsticken.

Monster mit Füllwatte nur so ausstopfen, dass es »schlabbrig« gefüllt ist. Beim Verfilzen schrumpft das Monster stark, die Füllwatte bleibt jedoch in Originalgröße, sodass das Monster dann »straff« gefüllt ist«.

Nähte an den Beinen und Naht am Kopf schließen. Arme annähen.

ZU GUTER LETZT

Die Fäden auf der Innenseite verknoten. Vernähen ist nicht nötig, da sie innen mit verfilzen und später nicht mehr sichtbar sind.

Monsterchen nach Anleitung verfilzen (siehe Seite 6–7), jedoch abweichend 60 Grad einstellen. Nach dem Verfilzen die Füllwatte noch einmal verteilen und lockern.

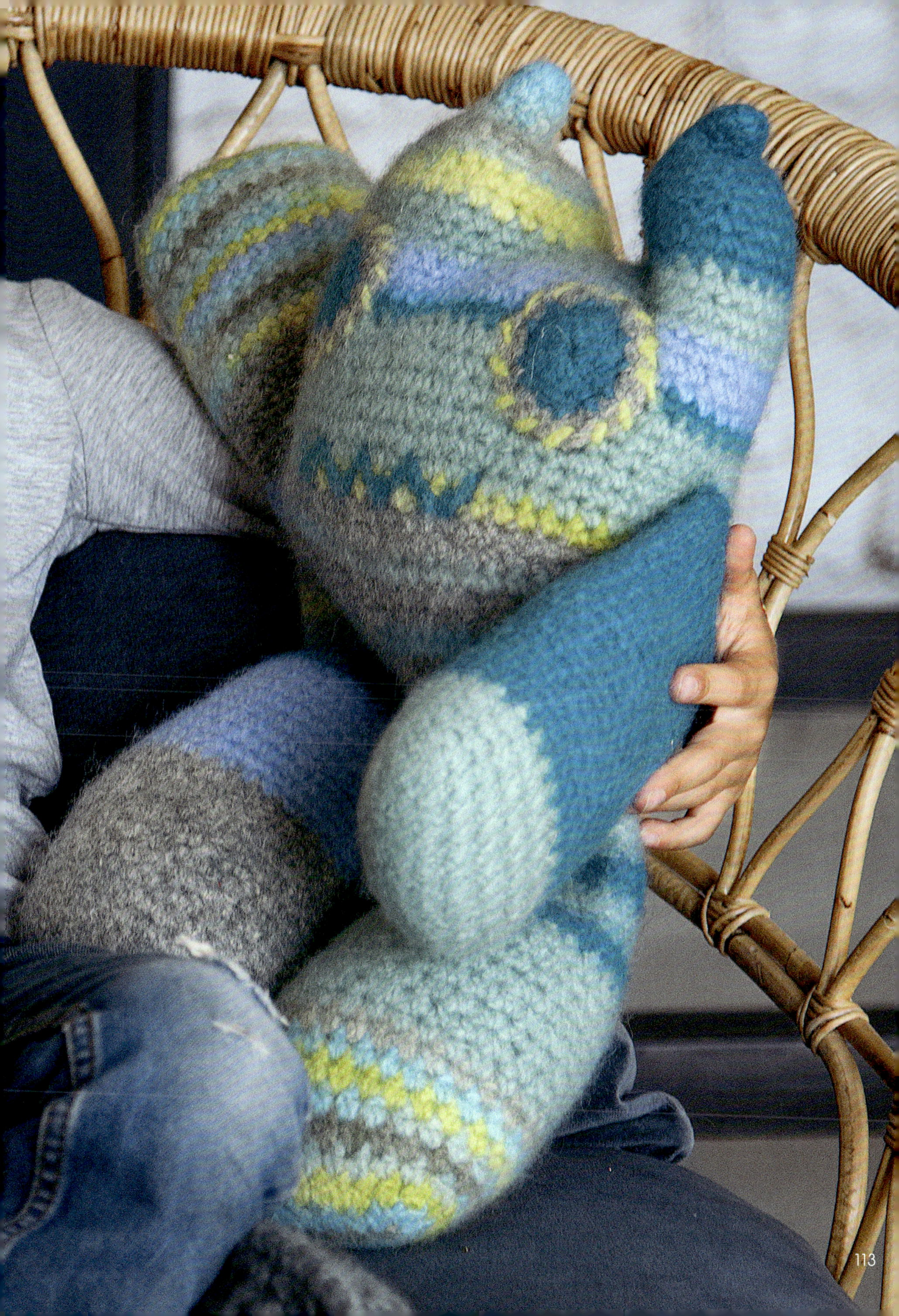

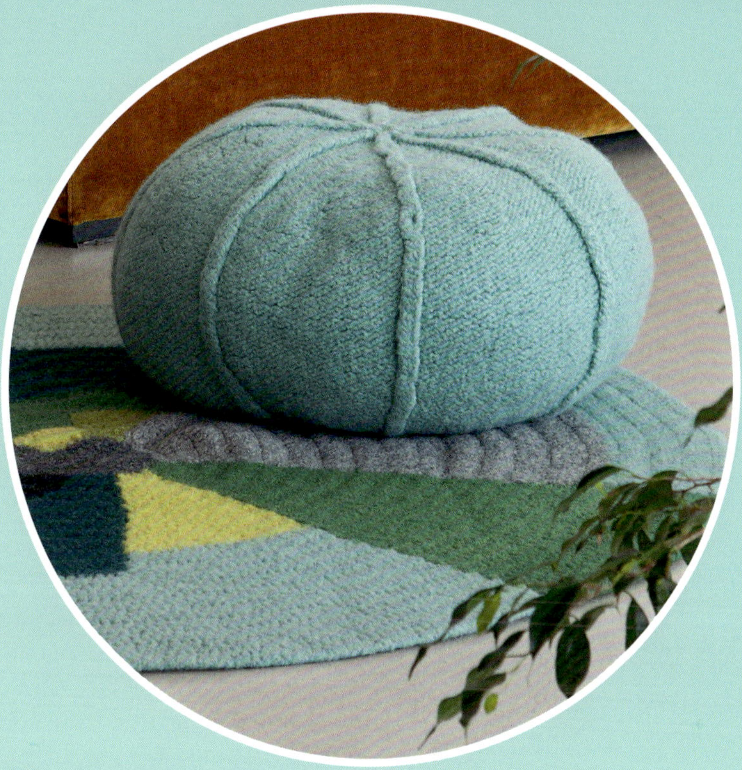

Deko

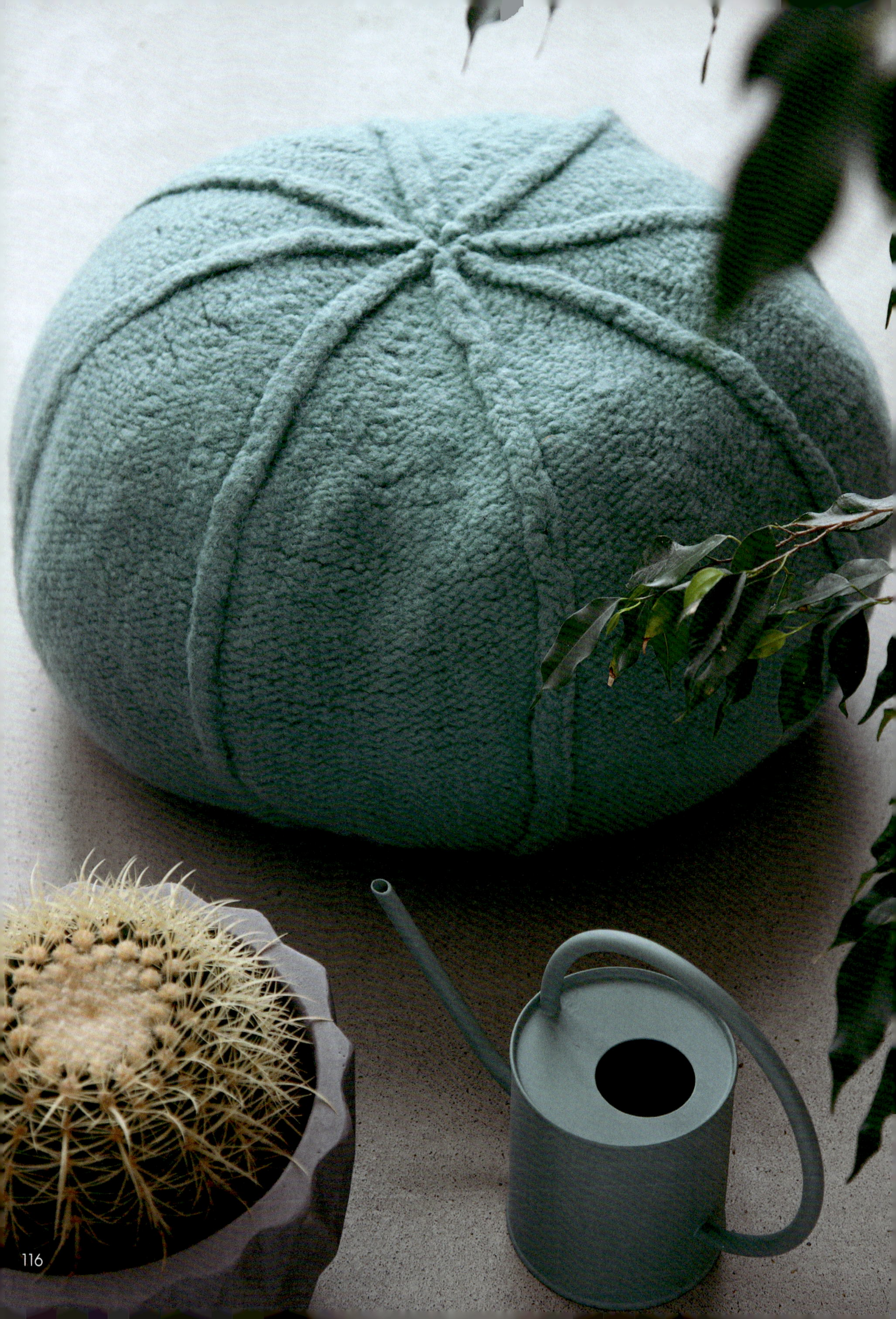

Nach *außen* gekehrt

Näht man die Nähte sichtbar und etwas breiter ab als gewohnt, entsteht durch das Verfilzen ein Paspel-Effekt. Sieht komplizierter aus als es ist, und im Nu haben wir ein tolles Bodenkissen kreiert. Sehr einfach lässt es sich vergrößern, indem man mehr Maschen aufnimmt und die Mittelteile länger strickt als angegeben.

Nach *außen* gekehrt

Pouf in Mint

GRÖSSE
Vor dem Filzen: 80 cm (Durchmesser).
Nach dem Filzen: 62 cm (Durchmesser).

MATERIAL
Lana Grossa **Feltro** (100 % Wolle; Lauflänge 50 m/50 g) **550 g** Minttürkis **(Fb 85)**; Stricknadeln Nr. 10; 2 Kopfkissen (80 x 80 cm) als Füllung

MASCHENPROBE
Mit Nadeln Nr. 10 glatt links gestrickt und vor dem Waschen gemessen, ergeben 9 M und 13 R = 10 x 10 cm.

MUSTER
Glatt links

In Hinr linke M, in Rückr rechte M stricken.

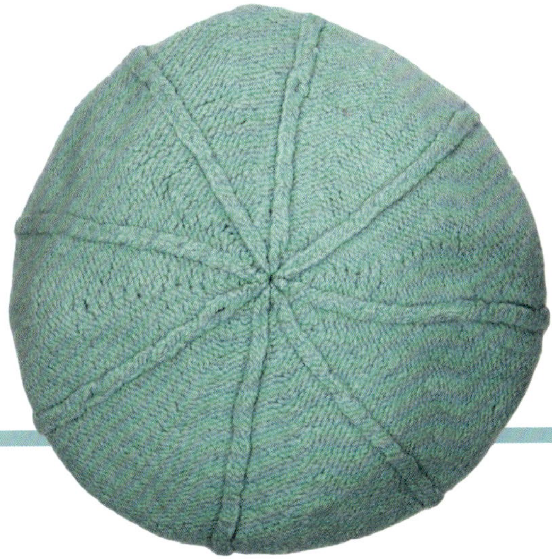

ANLEITUNG

Hinweis: Das Kissen setzt sich aus 8 Segmenten zusammen.

SEGMENTE

Für das erste Segment 3 M anschlagen und 1 Rückr rechte M stricken.
Weiter glatt links arbeiten und in jeder Hinr in der Mitte der R 1 M aus dem Querfaden aufnehmen. Die Zunahmen insgesamt 16 x arbeiten = 19 M.
Nach der letzten Zunahme 30 cm (= 40 R) glatt links über 19 M stricken.
Anschließend analog zu den Zunahmen wieder abnehmen und 16 x die mittleren beiden M rechts zusammenstricken.
Die verbleibenden 3 M abketten.
Auf diese Weise 7 weitere Segmente stricken.
Zum Schluss alle Fäden vernähen.

KONFEKTIONIEREN

Die Segmente mit der linken Seite nach außen (= linke M liegen außen) entlang den Längskanten so zusammennähen, dass die Nähte nach außen zeigen. Die letzte Naht im mittleren Bereich über ca. 40 cm offen lassen, damit später die Kissenfüllung eingelegt werden kann.

ZU GUTER LETZT

Das Kissen nach Anleitung verfilzen (siehe Seite 6–7). Nach dem Verfilzen die Kissenfüllung einlegen und die offene Naht schließen.

Je *mehr* desto *besser*

Die einfachen, aus Stäbchen gehäkelten Körbchen eignen sich nicht nur als Übertopf, sondern auch als Schlüssel-Schale, Brotkörbchen, Bonbon-Depot, Lego-Kleinteil-Sammelstelle und »Räume-ich-dann-später-weg«-Zwischenlager.

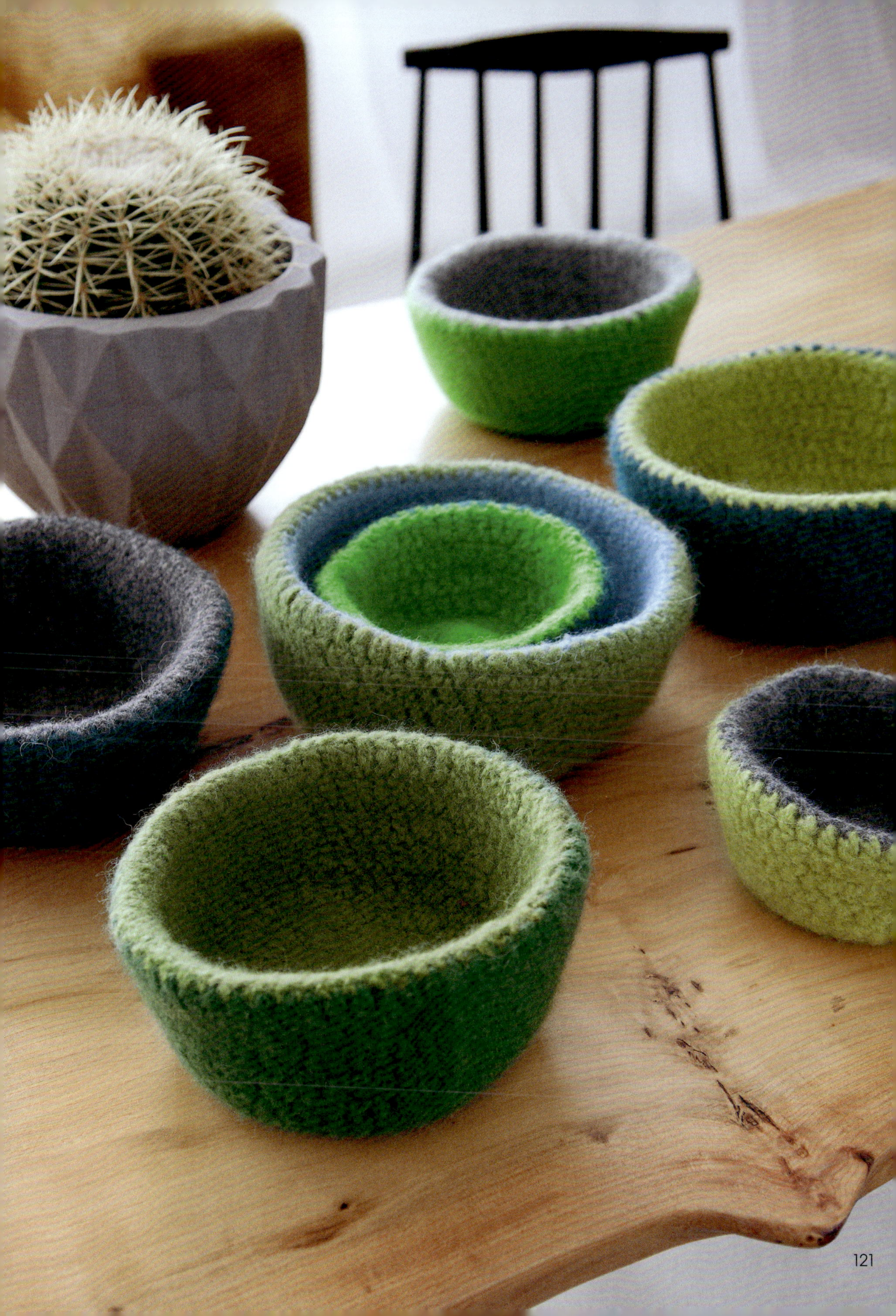

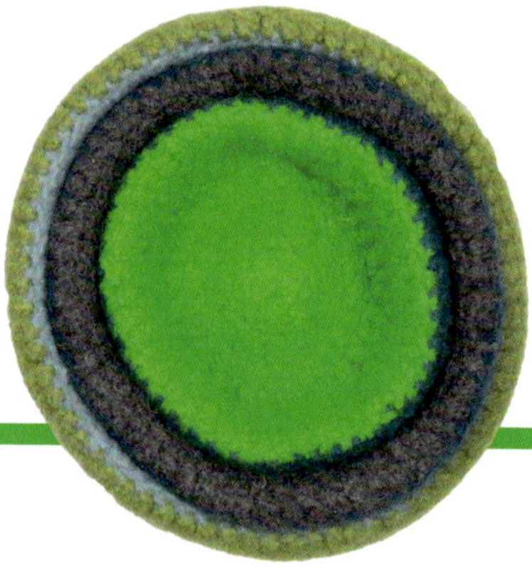

GRÖSSE

Die Angaben für Größe S stehen vor der Klammer, die Angaben für Größe M in der Klammer vor dem Strich, die Angaben für Größe L in der Klammer nach dem Strich. Bei nur einer Angabe gilt diese für alle Größen.
Vor dem Filzen: Durchmesser 21 (27/33) cm, Höhe 15 (18/21) cm. Nach dem Filzen: Durchmesser 17 (21/25) cm, Höhe 8 (10/12) cm.

MATERIAL

Lana Grossa **Feltro** (100 % Wolle; Lauflänge 50 m/50 g)

Größe S: Innenteil **50 g** Giftgrün **(Fb 59)**, Außenteil **100 g** Petrolgrün **(Fb 31) ODER** Innenteil **50 g** Dunkelgrau meliert **(Fb 4)**, Außenteil **100 g** Grüngelb **(Fb 82)**

Größe M: Innenteil **100 g** Grau meliert **(Fb 3)**, Außenteil **100 g** Giftgrün **(Fb 59)** ODER Innenteil **100 g** Dunkelgrau meliert **(Fb 4)**, Außenteil **100 g** Petrolgrün **(Fb 31)** ODER Innenteil **100 g** Oliv **(Fb 21)**, Außenteil **100 g** Grasgrün **(Fb 11)**

Größe L: Innenteil **150 g** Hellblau **(Fb 65)**, Außenteil **150 g** Oliv **(Fb 21)** ODER Innenteil **150 g** Oliv **(Fb 21)**, Außenteil **150 g** Grasgrün **(Fb 11)**; Häkelnadel Nr. 9

MASCHENPROBE

Mit Nadel Nr. 9 gehäkelt und vor dem Waschen gemessen, ergeben 8 Stb in der Breite und 4,5 R Stb in der Höhe = 10 x 10 cm.

MUSTER

Grundmuster
Stäbchen

Je *mehr* desto *besser*

Schalenset

ANLEITUNG

Hinweis: Für alle Größen mit dem inneren Teil in entsprechender Farbe (Angaben unter Material) beginnen, der äußere Teil hat wegen »Rollweite« immer 1 Rd mehr als der innere. Die erste Rd des Außenteils wird, damit sich die Kante besser legt, nur in das hintere Maschenglied gestochen.

BEGINN

Für alle Modelle gilt: Mit der Innenfarbe in einen Fadenring beginnend mit 3 Lm 11 Stb arbeiten und die Rd mit 1 Km schließen. Jede weitere Rd mit 3 Steige-Lm beginnen (zählt als 1. Stb) und mit 1 Km in die oberste der 3 Lm schließen.

GRÖSSE S

1. Rd: Jede M verdoppeln = 24 M.
2. Rd: Jede 4. M verdoppeln = 30 M.
3. Rd: Jede 5. M erdoppeln = 36 M.
4. Rd: Jede 6. M verdoppeln = 42 M.
5. Rd: Jede 7. M verdoppeln = 48 M.
6. Rd: Ohne Zunahmen arbeiten = 48 M. Wechseln zur äußeren Farbe.
7. Rd: Stb nur ins hintere Maschenglied stechen und ohne Abnahmen arbeiten = 48 M.
8. Rd: Ohne Abnahmen arbeiten = 48 M.
9. Rd: Jede 7. und 8. M zusammenhäkeln = 42 M.
10. Rd: Jede 6. und 7. M zusammenhäkeln = 36 M.
11. Rd: Jede 5. und 6. M zusammenhäkeln = 30 M.
12. Rd: Jede 3. und 4. M zusammenhäkeln = 24 M.
13. Rd: Immer 2 M zusammenhäkeln = 12 M.
14. Rd: Immer 3 M mit hStb zusammen abmaschen.
Faden abschneiden, fest anziehen und das Loch ggf. zunähen.

GRÖSSE M

1. Rd: Jede M verdoppeln = 24 M.
2. Rd: Jede 2. M verdoppeln = 36 M.
3. Rd: Jede 6. M verdoppeln = 42 M.
4. Rd: Jede 7. M verdoppeln = 48 M.
5. Rd: Jede 8. M verdoppeln = 54 M.
6. Rd: Jede 9. M verdoppeln = 60 M.
7. Rd: Ohne Zunahmen arbeiten = 60 M.
8. Rd: Ohne Zunahmen arbeiten = 60 M. Wechseln zur äußeren Farbe.
9. Rd: Stb nur ins hintere Maschenglied stechen und ohne Abnahmen arbeiten = 60 M.
10. Rd: Ohne Abnahmen arbeiten = 60 M
11. Rd: Ohne Abnahmen arbeiten = 60 M.
12. Rd: Jede 9. und 10. M zusammenhäkeln = 54 M.
13. Rd: Jede 8. und 9. M zusammenhäkeln = 48 M.
14. Rd: Jede 7. und 8. M zusammenhäkeln = 42 M.
15. Rd: Jede 6. und 7. M zusammenhäkeln = 36 M.
16. Rd: Jede 2. und 3. M zusammenhäkeln = 24 M.
17. Rd: Immer 2 M zusammenhäkeln = 12 M.
18. Rd: Immer 3 M mit hStb zusammen abmaschen.
Faden abschneiden, fest anziehen und das Loch ggf. zunähen.

GRÖSSE L

1. Rd: Jede M verdoppeln = 24 M.
2. Rd: Jede 2. M verdoppeln = 36 M.
3. Rd: Jede 3. M verdoppeln = 48 M.
4. Rd: Jede 8. M verdoppeln = 54 M.
5. Rd: Jede 9. M verdoppeln = 60 M.
6. Rd: Jede 10. M verdoppeln = 66 M.
7. Rd: Jede 11. M verdoppeln = 72 M.
8. Rd: Ohne Zunahmen arbeiten = 72 M.
9. Rd: Ohne Abnahmen arbeiten = 72 M.
10. Rd: Ohne Abnahmen arbeiten = 72 M. Wechseln zur äußeren Farbe.

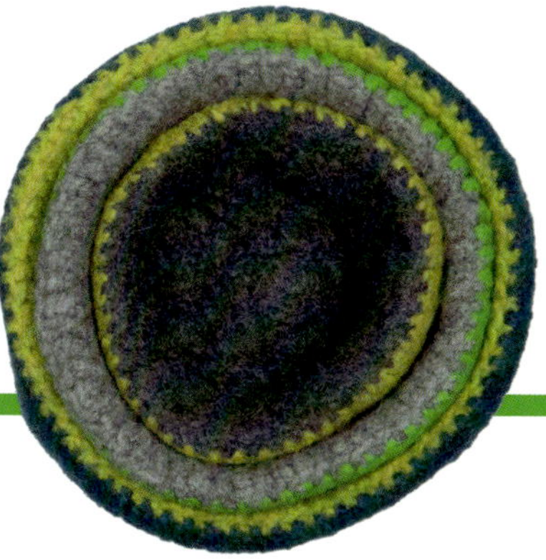

11. Rd: Stb nur ins hintere Maschenglied stechen und ohne Abnahmen arbeiten = 72 M.
12.–14.Rd: Ohne Abnahmen arbeiten = 72 M.
15. Rd: Jede 11. und 12. M zusammenhäkeln = 66 M.
16. Rd: Jede 10. und 11. M zusammenhäkeln = 60 M.
17. Rd: Jede 9. und 10. M zusammenhäkeln = 54 M.
18. Rd: Jede 8. und 9. M zusammenhäkeln = 48 M.
19. Rd: Jede 3. und 4. M zusammenhäkeln – 36 M.
20. Rd: Jede 2. und 3. M zusammenhäkeln = 24 M.
21. Rd: Immer 2 M zusammenhäkeln = 12 M.
22. Rd: Immer 3 M mit hStb zusammen abmaschen.

Faden abschneiden, fest anziehen und das Loch ggf. zunähen.

KONFEKTIONIEREN

Äußere und innere Schale ineinander stülpen und so zurechtziehen, dass die obere Kante exakt obenauf liegt und den Umbruch bildet. Mit einem Faden der äußeren Farbe die innere und äußere Schale möglichst unsichtbar mit kleinen Stichen verbinden, sodass Innen- und Außenteil beim Waschen nicht mehr verschiebbar sind. Dic Fadenenden nach innen ziehen.

ZU GUTER LETZT

Alle Fäden vernähen und nach innen zwischen die äußere und innere Schale ziehen. Die Schalen nach Anleitung verfilzen (siehe Seite 6–7), jedoch abweichend 60 Grad einstellen. Nach dem Waschen in Form ziehen.

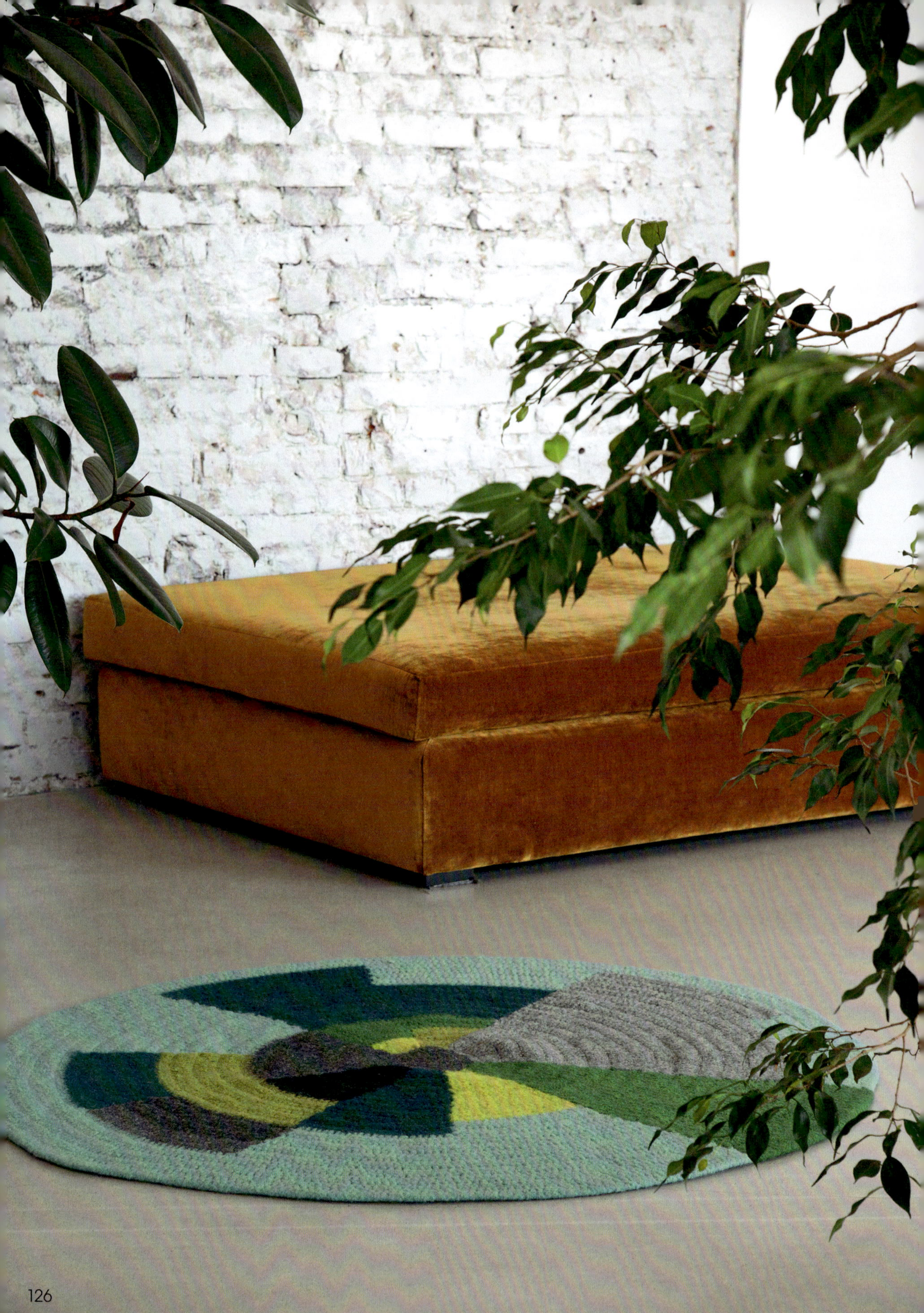

Moderne *Kunst*

Die Anfertigung des Häkelteppichs hat etwas von Basteln oder Puzzeln. Man arbeitet sich unkonventionell Fläche für Fläche mal in Reihen, mal in Runden vor. Nichts für Pedanten, aber toll für Leute, die auch mal Fünfe gerade sein lassen können.

Moderne *Kunst*

Runder Teppich

GRÖSSE

Vor dem Filzen: 170 cm (Durchmesser).
Nach dem Filzen: 120 cm (Durchmesser).

MATERIAL

Lana Grossa **Feltro** (100 % Wolle; Lauflänge 50 m/50 g) **700 g** Minttürkis **(Fb 85)**, je **300 g** Petrolgrün **(Fb 31)** und Grau meliert **(Fb 3)**, **200 g** Grasgrün **(Fb 11)**, **150 g** Dunkelgrau meliert **(Fb 4)**, je **100 g** Grüngelb **(Fb 82)** und Oliv **(Fb 21)** sowie **50 g** Anthrazit **(Fb 25)**; Häkelnadel Nr. 7

MASCHENPROBE

Mit Nadel Nr. 7 im Grundmuster gehäkelt und vor dem Waschen gemessen, ergeben 8,5 M und 5 R = 10 x 10 cm.

MUSTER

Grundmuster
Stäbchen

Grundsätzliche Vorgehensweise
Jede Rd wird mit 1 Km geschlossen. Jede R wird mit 3 Wende-Lm (ersetzen das 1. Stb) begonnen und mit 1 Stb in die oberste der Wende-Lm beendet.
In jeder Rd wird pro Kreis-Segment 1 M zugenommen. Die Gesamtmaschenzahl pro Rd ergibt sich somit x 10. Nach der 4. Rd pro Segment = 4 M, gesamt über alle Segmente = 40 M. Nach der 8. Rd pro Segment = 8 M, gesamt über alle Segmente = 80 M. Nach der 12. Rd pro Segment = 12 M, gesamt über alle Segmente = 120 M. Nach der 16. Rd pro Segment = 16 M, gesamt über alle Segmente = 160 M. Nach der 40. Rd pro Segment = 40 M, gesamt über alle Segmente = 400 M. Die Zunahmen erfolgen jeweils in der Mitte des Segments durch Verdoppeln der mittleren M.

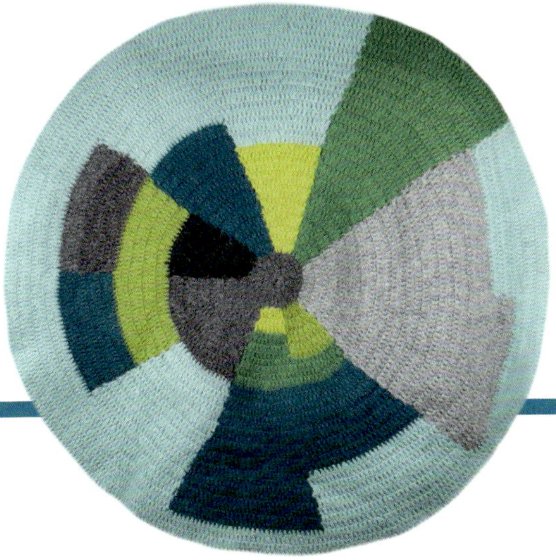

Die offenen Kanten zwischen den Segmenten werden zusammengenäht. Sowie eine Naht geschlossen werden kann, diese auch sofort schließen, sodass sich möglichst oft ein geschlossener Kreis ergibt.

Tipp: Wenn ein Knäuel verbraucht ist, die Arbeit an dieser Stelle stilllegen, ein anderes Segment beginnen und dieses bis zur selben Höhe zunächst beenden. Es gibt keine vorgeschriebene Reihenfolge beim Vorgehen. Hat man sich in das Prinzip eingearbeitet, häkelt man nach und nach alle Segmente in seiner individuellen Reihenfolge.

Tipp: Alle Fadenenden an der Rückseite über 4–6 M mit einhäkeln. So spart man sich das Vernähen der Fäden.

ANLEITUNG

START

Mit Dunkelgrau meliert in einen Fadenring 10 Stb häkeln und mit 1 Km zur Rd schließen.
2. Rd: Jede M verdoppeln = 20 M.
3. Rd: Jede 2. M verdoppeln = 30 M.
4. Rd: Jede 3. M verdoppeln = 40 M.
Nun wird weiter in R gearbeitet.

SEGMENT 1 UND 2

Für Segment 1 Grüngelb anschlingen und 4 R häkeln, dabei in jeder R 1 M zunehmen = 8 M.
Für Segment 2 am inneren Kreis 4 M nach rechts abzählen, Oliv anschlingen und 8 R Oliv häkeln = 12 M.
Nun wieder für Segment 1 über Grüngelb den Faden in Grasgrün anschlingen und 4 R häkeln = 12 M. Die Naht zwischen Segment (»S«) 1 und 2 schließen.
Für Segment 2 über Oliv den Faden in Grasgrün anschlingen und über S 1 und S 2 4 R arbeiten = 32 M.

SEGMENT 3 UND 4

Am inneren Kreis 8 M nach rechts abzählen, Grau meliert anschlingen und bis zur 32. R häkeln = 64 M. Naht zu S 2 soweit wie möglich schließen.

SEGMENT 5

Am inneren Kreis 4 M nach rechts abzählen, Grasgrün anschlingen und bis zur 40. R häkeln = 40 M.
Naht zu Segment 4 schließen.

STÜCK FÜR STÜCK

Arbeit nach diesem Prinzip fortsetzen, bis alle 10 Segmente 40 Reihen aufweisen. Rundum sind 400 M entstanden.

ZU GUTER LETZT

Alle Nähte schließen. Den Teppich nach Anleitung verfilzen (siehe Seite 6–7), jedoch abweichend 60 Grad einstellen. Da der Teppich für eine normale Waschmaschine zu groß ist, im Waschsalon in einer großen Maschine verfilzen.

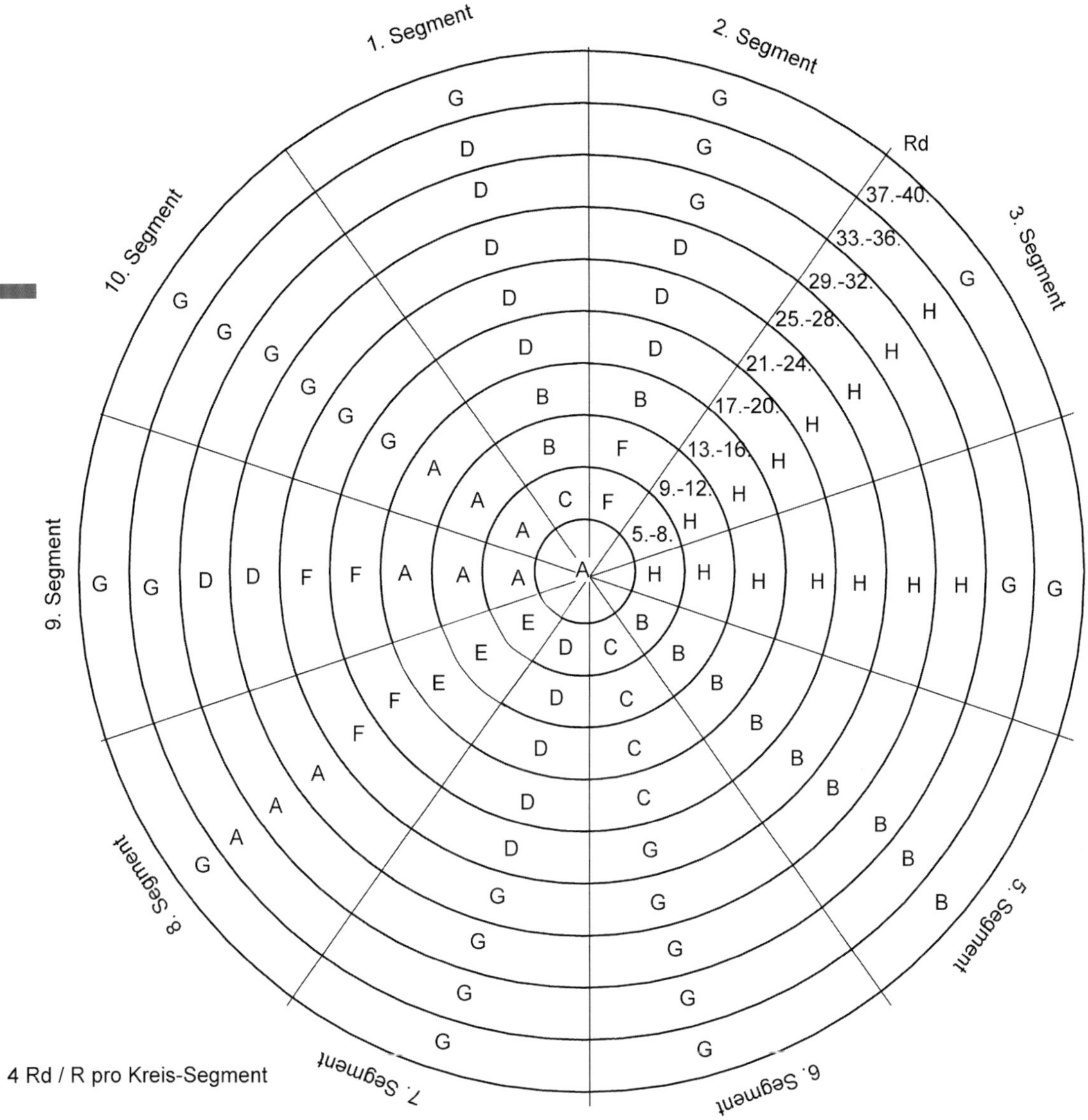

Zeichenerklärung:

A = Dunkelgrau meliert (Fb 4)
B = Grasgrün (Fb 11)
C = Grüngelb (Fb 82)
D = Petrolgrün (Fb 31)
E = Anthrazit (Fb 25)
F = Oliv (Fb 21)
G = Minttürkis (Fb 85)
H = Grau meliert (Fb 3)

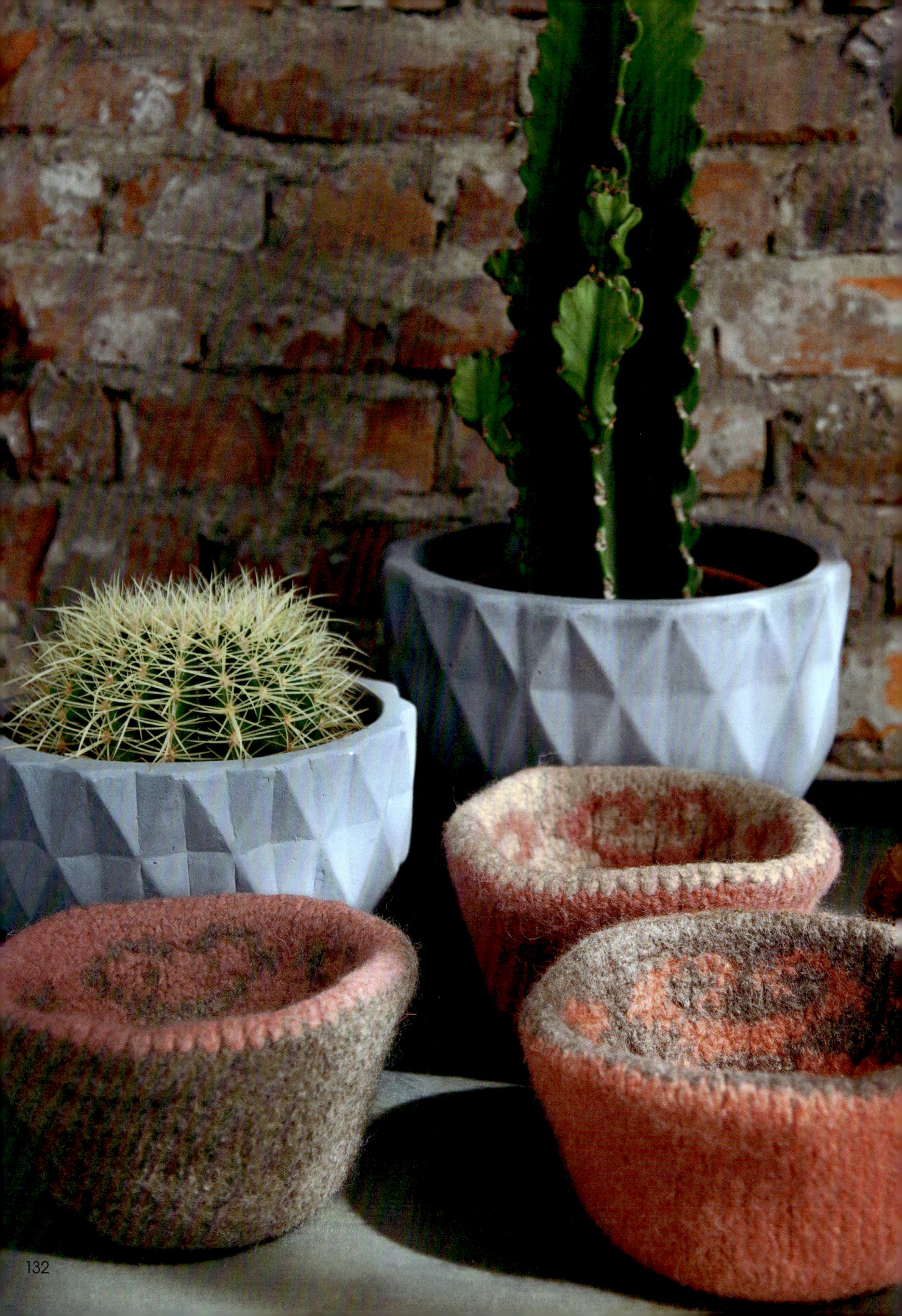

Ordnung kann auch *stylish* sein

Kleine Ordnungshelfer kann man ja nie genug haben, genau wie frau auch nie genug Lippenstifte und Nagellackfarben haben kann. Ordnung ist das halbe Leben, damit die andere Hälfte dann schön bunt sein darf!

Ordnung kann auch *stylish* sein

Schalenset

GRÖSSE

Vor dem Filzen: 80 x 26 cm (Umfang oben x Höhe). Nach dem Filzen: 65 x 13 cm (Umfang oben x Höhe).

MATERIAL

Lana Grossa **Feltro** (100 % Wolle; Lauflänge 50 m/50 g) Farbvariante A: **150 g** Altrosa **(Fb 84)** und **50 g** Beige meliert **(Fb 24)**; Farbvariante B: **150 g** Lachs **(Fb 83)** und **50 g** Braun **(Fb 23)**; Farbvariante C: **150 g** Braun **(Fb 23)** und **50 g** Altrosa **(Fb 84)**; Nadelspiel Nr. 9, Rundstricknadel Nr. 9 in 60 cm Länge

MASCHENPROBE

Mit Nadeln Nr. 9 glatt rechts gestrickt und vor dem Waschen gemessen, ergeben 10 M und 14 R = 10 x 10 cm.

MUSTER

Glatt rechts

In Rd nur rechte M stricken.

ANLEITUNG

INNENTEIL

Mit Beige meliert (Braun/Altrosa) 64 M anschlagen, die M auf ein Nadelspiel verteilen und zur Rd schließen. Bei entsprechender Maschenzahl auf die Rundstricknadel wechseln.

Nach Zählmuster arbeiten und den Rapport pro Rd 4 x arbeiten. 1 x die 1.–21. Rd stricken und an den gekennzeichneten Stellen 2 M rechts zusammenstricken. Nach 21 Rd sind noch 44 M auf der Nadel.

Zwei weitere Rd Altrosa (Lachs/Braun) stricken und danach abnehmen wie folgt:

24. Rd: Jede 5. und 6. M rechts zusammenstricken, Rd beenden mit 2 M rechts = 37 M.

25. Rd: 37 M rechts stricken.

26. Rd: Jede 4. und 5. M rechts zusammenstricken, Rd beenden mit 2 M rechts = 30 M.

27. Rd: 30 M rechts stricken.

28. Rd: Jede 3. und 4. M rechts zusammenstricken, Rd beenden mit 2 M rechts = 23 M.

29. Rd: Jede 2. und 3. M rechts zusammenstricken, Rd beenden mit 2 M rechts = 16 M.

Zählmuster

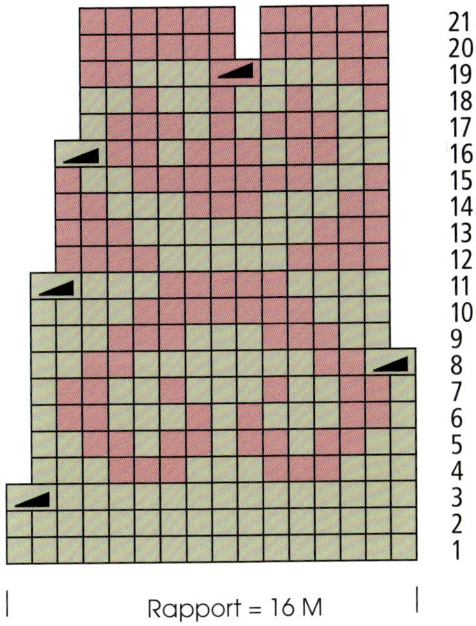

Rapport = 16 M

Zeichenerklärung:

- = Beige meliert (Braun/Altrosa)
- = Altrosa (Lachs/Braun)
- = M rechts zusammenstricken

<u>30. Rd:</u> Immer 2 M zusammenstricken = 8 M. Faden abschneiden und durch die verbleibenden 8 M ziehen. Faden auf die linke Seite ziehen und dort fest vernähen.

AUSSENTEIL

Aus der Anschlagskante 64 M mit Altrosa (Lachs/Braun) wieder auffassen und in Rd zunächst 2 Rd glatt rechts stricken.
Die folgenden 21 Rd weiter wie den Innenteil stricken und die Abnahmen wie beim Zählmuster arbeiten, aber kein Muster einstricken. Danach 2 Rd ohne Abnahme ebenfalls wie beim Innenteil arbeiten und weiter die Abnahmen für die Rundung stricken, wie beim Innenteil in der 24.–30. Rd beschrieben.

ZU GUTER LETZT

Alle Fäden vernähen. Innen- und Außenteil ineinanderschieben und unsichtbar an mehreren Stellen zusammennähen, dabei darauf achten, dass die Anschlagkante direkt am Umbruch liegt. Die Schalen nach Anleitung verfilzen (siehe Seite 6–7), jedoch abweichend 60 Grad einstellen. Nach dem Waschen in Form ziehen.

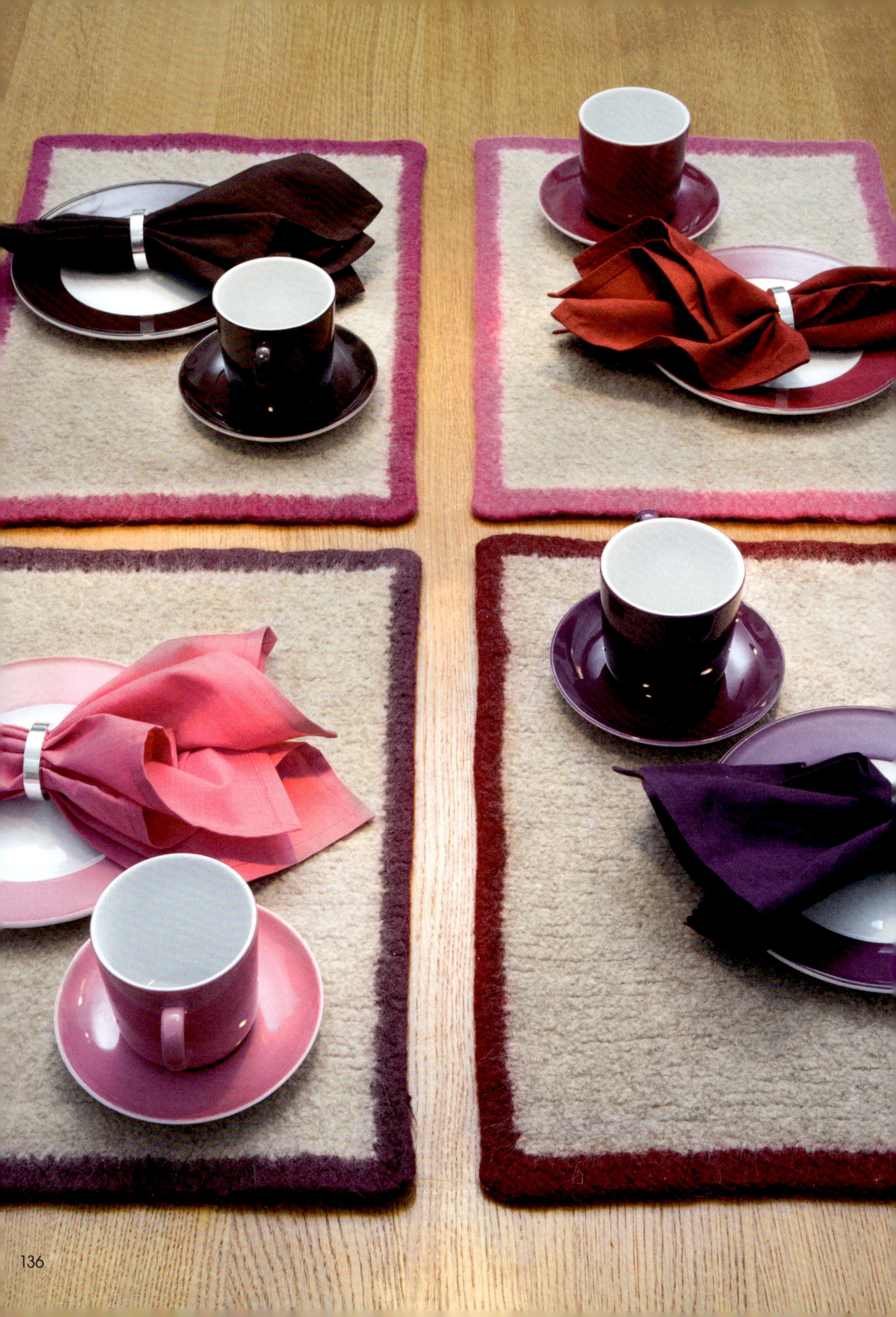

Chic *aufgetischt*

Die praktischen Tischsets adeln jeden Esstisch, ob zur Frühstückseinladung oder zum Familien-Spaghetti-Abend. Den Farbkombinationen sind keine Grenzen gesetzt. Jeder sucht sich seine Lieblingsfarbe, dann weiß man auch genau, wer gekleckert hat.

Chic *aufgetischt*

Tischsets mit Kontrastrand

GRÖSSE

Vor dem Filzen: Vor dem Filzen: 66 x 62 cm (Breite x Höhe). Nach dem Filzen: 34 x 48 cm (Breite x Höhe).

MATERIAL

Lana Grossa **Feltro** (100 % Wolle; Lauflänge ca. 50 m/50 g) pro Set **200 g** in Beige meliert **(Fb 24)** und **50 g** in Kontrastfarbe wahlweise Bordeaux **(Fb 15),** Brombeer **(Fb 49),** Pink **(Fb 38)** oder Zyklam **(Fb 62)**; Stricknadel Nr. 9; Stopfnadel

MASCHENPROBE

Mit Nadel Nr. 9 glatt rechts gestrickt und vor dem Waschen gemessen, ergeben 9,5 M und 13,5 R = 10 x 10 cm.

MUSTER

Glatt rechts
In Hinr rechte M, in Rückr linke M stricken.

Randmuster
Perlmuster in Hin- und Rückr 1 M rechts, 1 M links stricken und die M in jeder R versetzen.

Farbzusammenstellung
Den Rand wahlweise in Bordeaux, Brombeer, Pink oder Zyklam arbeiten.
Den innerern Bereich immer Beige meliert stricken.

ANLEITUNG

Wahlweise in Bordeaux, Brombeer, Pink oder Zyklam 63 M anschlagen und 3 R im Perlmuster stricken.

Danach weiter mit 3 Knäuel stricken. Das Knäuel in Kontrastfarbe in der Mitte teilen.

M einteilen:

3 Randmaschen im Perlmuster stricken, dabei mit 1 M rechts beginnen und im Wechsel 1 M rechts und 1 M links stricken.

57 M glatt rechts in Beige meliert arbeiten und die R mit 3 M Rand im Perlmuster beenden, dabei wieder mit 1 M rechts beginnen und enden.

An den Farbübergängen die Fäden auf der Rückseite verkreuzen und leicht anziehen, damit keine Löcher entstehen. Nach insgesamt 75 R in Beige meliert den beigen Faden abschneiden und über alle M in der Kontrastfarbe stricken. In einer Rückreihe beginnen. 3 M Perlmuster, 57 linke M, 3 M Perlmuster stricken. Im Anschluss noch 2 R im Perlmuster über alle 63 M stricken. In der folgenden R alle M abketten, dabei weiterhin im Perlmuster stricken.

ZU GUTER LETZT

Alle Fäden vernähen. Die Sets nach Anleitung verfilzen (siehe Seite 6–7) und nach dem Verfilzen in noch feuchtem Zustand auf das angegebene Fertigmaß ziehen. Dabei auf vier rechte Winkel achten.

Liegend trocknen lassen.

Grundanleitung für *Hausschuhe* aus Feltro

GRÖSSE

Schuhgröße 30 bis 45, Maße siehe Grundtabelle für Feltro auf Seite 142–143.

MATERIAL

Lana Grossa **Feltro** (100% Schurwolle, Lauflänge 50 m/50 g)

MASCHENPROBE VOR DEM FILZEN

Glatt rechts mit Nadel Nr. 7 ergeben 11 M und 15 R 10 cm x 10 cm.

MUSTER

Glatt rechts

In Rd in allen Rd rechte M stricken, in R in Hin-R rechte und in Rück-R linke M stricken.

ANLEITUNG

Die Angaben in dieser Beschreibung beziehen sich auf die Basistabelle für Hausschuhe auf Seite 142–143.

Zeilen sind mit **A** bis **J** bezeichnet. In den Spalten wählen Sie die Angaben passend zur Schuhgröße. In Zeile **J** ist in cm angegeben, welche Schuhlänge nach dem Filzen der Schuhgröße entspricht. Maße können je nach Waschmaschine abweichen und müssen durch in Form ziehen des feuchten Strickstückes eventuell angepasst werden.

MASCHENANSCHLAG

M-Zahl wie in Zeile **A** angegeben anschlagen und eine Rück-R linke M stricken. Anschlagsfaden lang hängenlassen und später zum zusammennähen verwenden. Glatt rechts in Reihen so viele R wie in Zeile **B** angegeben sind, stricken. Die erste und letzte M jeder R wird als Randmasche im Knötchenrand immer rechts gestrickt. In der letzten R aus dem Querfaden nach der 1. und vor der letzten M eine M rechts verschränkt herausstricken = M-Zahl wie in Zeile **C** angege-ben.

RUNDENSCHLUSS

M zur Rd schließen und M gleichmäßig auf 4 Nadeln verteilen. Weiter glatt rechts in Rd str und soviele Rd wie in Zeile **D** angegeben sind, stricken, dabei ggf weiter eine Streifen- oder Musterfolge einhalten.

SPITZE

Nun die Spitze in Rd arbeiten. So viele Rd stricken, wie in Zeile **E** angegeben. Für die Rundung auf der 1. und 3. Nadel die 2. und 3. M rechts zusammenstricken, auf der 2. und 4. Nadel die vorletzte und drittletzte M rechts zusammen-stricken. Diesen Vorgang so oft wiederholen, die M-Zahl abgenom men wurde, wie in Zeile **F** angegeben. Es verbleibenden die M wie in Zeile **G** angegeben. Diese mit dem Arbeitsfaden zusammenziehen. Faden nach innen ziehen und dort vernähen. 2. Schuh ebenso stricken.

In Zeile **H** ist zur Sicherheit angegeben, wie viele Rd insgesamt gestrickt werden müssen. Zeile **J** gibt an, wie lang der Schuh nach dem Filzen sein soll bzw auf welche Länge er ggf gedehnt werden muss.

ZU GUTER LETZT

Alle Fäden vernähen. Hintere Naht im Maschenstich schließen. Schuhe nach Grundanleitung auf Seite 6–7 waschen und filzen. Nach dem Waschen in Form ziehen und ausstopfen.

Größentabelle für Hausschuhe

Grösse	Maß	30	31	32	33
Maschenanschlag	A	26	26	26	28
Reihen offen gestrickt	B	23	24	25	26
plus 2 Maschen		2	2	2	2
Maschen zur Runde geschlossen	C	28	28	28	30

Geschlossene Runden bis Beginn Spitze	D	20	20	21	22

Abnahme-Runden	E	5	5	5	5
Abnahme Maschen gesamt	F	20	20	20	20
Restmaschen zusammen ziehen	G	8	8	8	10

Reihen / Runden insgesamt	H	48	49	51	53
Fertige Länge des Schuhs in cm nach dem Filzen	J	20,5	21	21,5	22

Verbrauch pro Paar ca.		100 g

34	35	36	37	38	39	40	41	42	43	44	45
28	28	30	30	30	32	32	32	34	34	36	36
27	28	28	29	30	31	32	33	34	35	35	36
2	2	2	2	2	2	2	2	2	2	2	2
30	30	32	32	32	34	34	34	36	36	38	38
23	24	25	26	27	27	28	28	29	29	30	30
5	5	6	6	6	6	6	6	6	6	7	7
20	20	24	24	24	24	24	24	24	24	28	28
10	10	8	8	8	10	10	10	12	12	10	10
55	57	59	61	63	64	66	67	69	70	72	73
22,5	23,5	24,5	255	26,5	27,5	28	29	30	30,5	31	32
150 g									200 g		

Impressum

Autorin: Karoline Hoffmeister
Fotos: Elisabeth Berkau: S. 24-69, 76-79, 90-137;
Herbert Dehn: S. 10-23, 72-75, 82-89;
Shutterstock: S. 2-3, S. 7;
Freisteller: MXM Digital Service GmbH
Styling: Annette Grewe
Produktmanagement: Helgrid van Impelen
Lektorat: Dr. Stefanie Gronau
Korrektorat: Anna Maier
Umschlaggestaltung: Leeloo Molnàr
Layoutentwurf & Satz:
Marion Tykal, MXM Digital Service GmbH
Repro: MXM Digital Service GmbH
Herstellung: Kathleen Baumann
Printed in Slovakia by Neografia

★★★★★

Sind Sie mit diesem Titel zufrieden? Dann würden wir uns über Ihre Weiterempfehlung freuen. Erzählen Sie es im Freundeskreis, berichten Sie Ihrem Buchhändler oder bewerten Sie beim Onlinekauf. Und wenn Sie Kritik, Korrekturen oder Aktualisierungen haben, freuen wir uns über Ihre Nachricht an Christophorus Verlag, Postfach 40 02 09, D-80702 München oder per E-Mail an lektorat@verlagshaus.de.

Unser komplettes Programm finden Sie unter

www.christophorus-verlag.de

Wir danken der Firma Lana Grossa für die freundliche Überlassung der Fotos und der Ausstattung mit Garnen, insbesondere Christine Lenz für die wie immer inspirierende, freundliche und verbindliche Zusammenarbeit.

Wir danken den Firmen Prym, www.prym.de und Leder-Baumann, www.leder-baumann.de, für die freundliche Unterstützung.

Die Deutsche Nationalbibliothek verzeichnet diese Publikation in der Deutschen Nationalbibliografie; detaillierte bibliografische Daten sind im Internet über http://dnb.d-nb.de abrufbar.

Infanteriestraße 11a
D 80797 München

ISBN 978-3-8410-6653-4

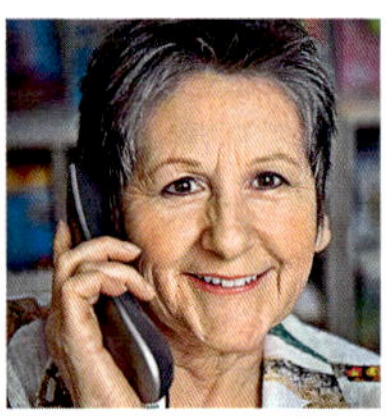

Kreativ-Service

Sie haben Fragen zu den Büchern und Materialien? Frau Erika Noll ist für Sie da und berät Sie rund um alle Kreativthemen. Rufen Sie an! Wir interessieren uns auch für Ihre eigenen Ideen und Anregungen. Sie erreichen Frau Noll per E-Mail: **kreativ-service@c-verlag.de** oder Tel.: **0049 - 89-1306-99-577**.

Besuchen Sie uns im Internet: **www.christophorus-verlag.de**